ÉPHÉMÉRIDES

DE LA

GUERRE DE 1870-71

DANS LE

DÉPARTEMENT DE L'AISNE

PAR ÉDOUARD FLEURY

Auteur de l'Invasion dans le Département de l'Aisne en 1814.

VUE DE LA CITADELLE DE LAON.

LAON

Imprimerie du Journal de l'Aisne.

1871

INTRODUCTION.

Au moment où le *Journal de l'Aisne* allait reprendre le cours régulier de sa publication trop souvent et trop longtemps interrompue par la force majeure et violente des événements, sa rédaction, sachant que nous avions recueilli des documents pour un livre à publier plus ou moins tôt sur la guerre, nous a prié de combler une lacune dont ses lecteurs n'avaient pas plus souffert que nous-même, nous pouvons le leur affirmer. Il fallait recoudre le passé au présent, tous les deux désolés et désolants, et dire au pays ce qu'il a été, ce qu'il a pâti, comment il a vécu pendant ces interminables six mois et demi de silence et d'isolement dans le malheur. Tous les liens ont été brisés; toutes les relations sociales et administratives ont cessé; la vie publique a été arrêtée tout court. D'un arrondissement à un autre, d'un canton à un canton voisin, souvent d'une commune à la commune qui la touchait immédiatement, les communications régulières ayant été interrompues, il est arrivé qu'on s'est ignoré les uns les autres. On ne savait plus que les faits les plus considérables, et souvent on les savait très-mal. Les détails n'apparaissaient jamais dans leur réalité, dans leur vérité, car l'erreur et les faux-bruits dominèrent partout, comme on le voit toujours dans les temps troubles et de calamités publiques.

Cette absence de renseignements et de nouvelles, qui n'a pas été la moindre souffrance des populations envahies depuis le mois de septembre, constitue donc une lacune que nous allons essayer de combler. Dans ce but, nous avons analysé sommairement et condensé tout ce que nous savions en des Éphémérides qui fourniront jour par jour le résumé sommaire des évènements accomplis dans le département de l'Aisne. Nous ne disons pas : tous les évènements, car aujourd'hui, et malgré nos efforts et nos recherches, nous n'avons pas encore renoué toutes nos relations, consulté tous les souvenirs. Il est encore des arrondissements avec lesquels les communications non-seulement ne sont pas complètes, mais sont à peine reprises. Le laborieux travail auquel il a fallu se livrer n'affecte donc pas la prétention d'être le dernier mot d'un précis historique, même sommaire. Il ne sera et ne pourra être complet que dans un avenir très-éloigné, grâce aux nouvelles investigations que plus de liberté permettra, que l'échange plus facile entre les journaux rendra plus fructueuses, grâce aussi aux renseignements et aux communications que nous sollicitons de tous et de partout dans l'intérêt de la vérité historique.

Ce résumé quotidien, cette table de matières pour ainsi dire, ce journal de l'invasion, nous les commençons à la funeste date de Sedan, non pas que le *Journal de l'Aisne* ait cessé sa publication à ce moment précis, mais parce que là commence pour la France la période de la transformation, et pour notre département celle d'invasion, c'est-à-dire de souffrance immédiate et de mutisme.

Nous n'avons pas besoin d'expliquer pourquoi nous nous contenterons ici d'exposer les faits à leur date et pourquoi nous nous abstiendrons autant que possible de toute critique, de toute explication, de toute déduction. Ce n'est pas l'histoire que nous écrivons, mais tout simplement un sommaire de chapitres un peu détaillé; ou si l'on veut, ce sont des matériaux préparés pour les écrivains de l'avenir.

Vorges, 10 mai 1871.

Édouard FLEURY,

Auteur de l'Invasion dans le département de l'Aisne en 1814.

Nota. — M. Ed. Fleury recevra avec reconnaissance tous les matériaux, indications, rectifications qu'on voudra bien lui adresser à Vorges, près Laon.

LA GUERRE DE 1870-71

DANS

LE DÉPARTEMENT DE L'AISNE.

Éphémérides de l'Invasion.

Derniers jours du mois d'août.

A la date du 29 août, tout indique qu'une grande bataille va se livrer dans les Ardennes. Les deux armées sont trop voisines l'une de l'autre pour ne pas en venir bientôt aux mains. Sur la foi de certains journaux de Paris, on parle de la jonction de Bazaine et de Mac-Mahon. Dans ce cas, les forces prussiennes courraient risque d'être coupées en deux. Le mouvement sur Paris s'est arrêté. Epernay n'est pas encore occupé ; mais l'arrière-garde des Prussiens s'est répandue dans tout l'espace compris entre la Marne et la Vesle jusqu'aux environs de Reims. On se fusille à Tinqueux, aux Ormes, à Bezannes. Le chemin de fer du camp de Châlons appartient à l'ennemi qui est déjà à Muizon, sur la ligne de Reims à Soissons. Un camp de 12,000 Prussiens est signalé sur le chemin de fer des Ardennes par la gendarmerie en reconnaissance. L'ennemi fait déjà des réquisitions de chevaux et voitures, de blé, de farine, de viande, de fer, de bois, de vin de Champagne, cela va sans dire.

On sent donc que le département de l'Aisne est menacé de près.

Une proclamation est adressée aux habitants de Laon par M. Ferrand, préfet de l'Aisne, et par le général Théremin. Elle débute en ces termes : « Habitants, « votre ville, chef-lieu du département, « est aujourd'hui en mesure de rendre « les services que sa situation com- « porte..... L'honneur d'une ville, dans « les circonstances où nous sommes, est « de se montrer prête à tous les de- « voirs. »

Refus par M. Vinchon, maire de Laon, de signer cette proclamation. Si la ville est, en effet, en état de résister à l'attaque de quelques coureurs ou d'une avant-garde, elle ne pourrait lutter contre une armée entière, encore moins être prête contre toutes les éventualités *que sa situation comporte*, privée qu'elle est de toute ressource sérieuse. Le maire signerait volontiers cette proclamation, si le gouvernement avait pourvu la ville de véritables moyens de défense, mais non quand la résistance est illusoire, quand on manque de tout ; c'est, pour lui, encourir une trop grande responsabilité, et par son exagération cette proclamation lui semble mieux faite pour jeter l'effroi dans le pays que pour relever son moral.

Les travaux de défense continuent sur les routes à l'aide des cantonniers, et en avant des portes de la ville de Laon. On se demande si c'est avec des fossés si peu larges, si peu profonds, si peu multipliés, qu'on pense assurer les approches d'une ville si voisine de l'ennemi et sur laquelle on semble compter pour l'arrêter.

Tout service de voyageurs et de marchandises est supprimé sur les chemins de fer entre Laon et Vervins, Laon et Soissons. Il passe des trains énormes de soldats venant par les deux lignes de Paris et descendant sur Vervins pour prendre la ligne d'Hirson à Charleville et Mézières.

Une grande agitation règne à Laon où circulent toutes sortes de bruits, surtout de victoires. On s'entretient avec persistance de deux officiers généraux qui, passant aux gares de Laon et de Tergnier, y ont annoncé le succès de nos armées. Quand on veut aller aux sources, on ne trouve aucunes traces de ces généraux. Suivant *Paris-Journal*, cette feuille qui a édité tant de mensonges, un négociant arrivé de Rethel affirmerait que, près de cette ville, l'armée du Prince royal a été anéantie.

A Soissons, on se prépare activement

à recevoir l'ennemi. — On annonce que la gare d'Hirson va être protégée par des travaux de campagne et recevra comme garnison deux compagnies de mobiles du Nord. — Le *Guetteur de Saint-Quentin*, envisageant les devoirs que l'invasion peut faire naître pour cette ville, reconnaît qu'elle ne pourrait soutenir un siège en règle, mais qu'elle doit se mettre à l'abri des incursions des coureurs ennemis et se préparer à les repousser.

Trois délégués nommés par le préfet quittent Laon pour aller visiter les cantons du département les plus exposés à l'invasion ; ils se mettront en rapports avec les maires et les officiers de gardes nationales, leur donneront les instructions nécessaires, régulariseront la distribution des armes, encourageront l'esprit public, enfin détermineront une résistance énergique.

Trois compagnies de mobiles du bataillon de Saint-Quentin, venant de La Fère où elles tenaient garnison depuis quelques jours, passent à la gare de Laon, se dirigeant sur Paris.

A Neuilly-Saint-Front, la fausse nouvelle de l'entrée des Prussiens dans Château-Thierry détermine une panique. On place des postes ; on organise des patrouilles à cheval qui battent le pays. Bientôt on se rassure ; on sait cependant que le danger, si on y échappe aujourd'hui, est à nos portes. C'est la situation morale de tout le pays aussi.

Lettre de M. Nice, cultivateur à Urtebise, près Craonne, exhortant tous les cultivateurs à faire le vide devant l'ennemi, à emmener leurs bestiaux et leurs vivres. M. Nice prépare, dès ce moment, le départ d'un grand convoi de bœufs, de chevaux, de moutons, qui bientôt traversera les cantons de Craonne, de Vailly, de Coucy, et ira se réfugier au fond du département de l'Oise.

SEPTEMBRE.

Jeudi 1ᵉʳ. — Toujours mêmes bruits de batailles et de succès. On dit que Mac-Mahon aurait passé la Meuse sans coup férir, se dirigeant vers Sarreguemines. On explique le mouvement des Prussiens de Châlons vers les Ardennes par l'obligation de passer en toute hâte la Meuse pour se concentrer en face de Bazaine et de Mac-Mahon qui se seraient rejoints.

Cependant on apprend que les Prussiens ont coupé le chemin de fer entre Rethel et Mézières. Mac-Mahon n'a donc plus de communications avec Paris que par Hirson, Vervins, Laon et Soissons d'un côté, et Saint-Quentin et Tergnier de l'autre.

On dit que l'Empereur a été vu à Avesnes. C'est une erreur. Le Prince impérial seul a quitté l'armée.

Les trois envoyés du préfet, chargés d'aller s'entendre avec les conseillers généraux et d'arrondissements, les maires et commandants de gardes nationales, sont de retour à Laon. Toutes les armes parties de Laon ont été distribuées. Les communes en réclament encore.

Un [*communiqué* du préfet rend compte de la mission des délégués. L'attitude morale du pays est bonne. Dans le canton de Craonne, il se forme une compagnie de francs-tireurs. Dans d'autres localités, ceux des habitants qui n'ont pas de fusils, annoncent qu'ils courront sus à l'ennemi et le harcelleront par tous les moyens possibles. « C'est la guerre de guérillas, « mais une guerre sacrée et loyale qui « s'organise activement, » dit le préfet qui, ne se dissimulant pas qu'il allait se heurter à la terreur que les exécutions de francs-tireurs passés sommairement par les armes en Alsace, en Lorraine, en Champagne, peuvent avoir semées parmi nos populations, essaye de les rassurer en leur rappelant le texte de la loi du 29 août sur l'organisation de nos forces militaires, loi qui édicte en son article 2 : « Sont considérés comme faisant partie de la garde « nationale les citoyens qui se portent « spontanément à la défense du pays « avec l'arme dont ils peuvent disposer, et « en prenant un des signes distinctifs de « cette garde qui les couvrent de la garantie reconnue aux corps militaires « constitués. » Le préfet annonce qu'un simple képi de garde nationale suffit donc pour assurer cette garantie à tout défenseur de son pays.

C'est cette proclamation qui irritera les Prussiens contre le préfet de l'Aisne et explique les mesures de rigueur qu'ils prendront bientôt contre lui.

Arrivée à Laon d'émigrants de Reims. Ils encombrent les hôtels. De Laon, au contraire, des familles entières vont chercher la sécurité dans des contrées moins immédiatement menacées. De Soissons, on signale aussi des départs nombreux.

On continue les préparatifs de défense sur les routes qu'on coupe, par ordre du comité de défense de Laon et sous la direction des cantonniers qu'on vient de rappeler de leur congé habituel d'été. Les fossés devront être gardés nuit et jour par les pompiers et gardes nationaux.

A Saint-Quentin, la garde nationale poursuit activement ses exercices et inaugure une surveillance de nuit.

On arrête au Mont-d'Origny un individu, Badois d'origine. Est-ce un espion ? On en voit partout.

On apprend que le préfet de la Marne, M. Sohier qui appartient à une famille de Vervins, a reçu l'ordre de se replier sur Château-Thierry où cette nouvelle détermine l'émigration. Le Conseil municipal se déclare en permanence et arrête qu'on affichera à la porte de l'Hôtel-de-Ville les noms des conseillers qui s'absenteraient sans autorisation.

Les ponts et les routes des environs de Château-Thierry sont déjà coupés. Les troupes et les mobiles se replient sur Paris.

L'inondation des prairies fait des progrès autour de La Fère. De cette ville, on expédie sans cesse des convois de munitions dans la direction de Sedan.

Vendredi, 2. — Faux bruits. Le *Public*, arrivé le matin, parle d'un immense succès remporté par Mac-Mahon. le 31 août : 20,000 Prussiens tués ou blessés, 10,000 prisonniers.

Malheureusement, d'un autre côté, les détails d'une défaite subie le 30 août par le 5e corps commandé par de Failly, abondent et sont trop certains.

Les journaux de la Champagne apportent d'effrayants détails sur les excès commis, disent-ils, par les Prussiens dans les Ardennes. Ces récits portent l'épouvante dans nos contrées et y jettent les germes de la prochaine panique. Il n'y est question que de villages et de fermes incendiés, de maisons saccagées, de jeunes gens tués sans motif, de femmes et de filles violées par la soldatesque prussienne. Ces exagérations serviront de circonstances atténuantes aux terreurs qui vont saisir les populations.

Communiqué officiel de la préfecture de l'Aisne sur l'attitude résolue de ceux de nos cantons qui bordent les Ardennes.

Vers midi, des bruits sérieux d'une défaite à Sedan circulent à Laon. L'après-midi, vers trois heures, des trains immenses déposent à la gare de Laon toute une division commandée par le général de Maudhuy. Ce sont les troupes qui ont passé il y a deux jours, et ont cherché à gagner Mézières par Hirson. L'intendance se met en rapports avec la mairie de Laon pour les réquisitions. Des colonels d'artillerie et du génie montent à la ville pour en étudier la situation et les ressources. Le maire, appelé à la préfecture, reçoit une réquisition de pelles et pioches destinées aux travailleurs qu'il a ordre de conduire le lendemain matin à la citadelle. Le corps de Maudhuy campe à la fois sur les promenades de la ville et à la gare. Dégâts causés aux récoltes.

Comme à Laon, les populations de Vervins, de Soissons, de Saint-Quentin, vivent sur les places publiques, attendant avec émotion des nouvelles qui tantôt sont favorables et tantôt désastreuses. Pendant la même heure, on passe dix fois de l'espoir à la terreur, de la joie patriotique à la douleur.

On voit arriver à Saint-Quentin les débris du corps de Mac-Mahon, affreuse débandade de cavaliers, fatigués, éreintés, sur des chevaux efflanqués et mourant de faim, de fantassins sans armes et isolés. Leurs uniformes tombent en lambeaux. Ils crient tous à la trahison. Ils campent aux portes de la ville.

Dans le Vervinois, l'apparition de ces militaires jette l'effroi partout ; on les croit suivis par l'ennemi. De nombreuses familles passent la frontière belge. Des négociants emportent leurs marchandises.

Samedi, 3. — Par une pluie battante, le maire de Laon conduit une cinquantaine de travailleurs à la citadelle. Il les a pourvus d'instruments achetés par la ville. Quand les Prussiens s'empareront de la citadelle, ils y trouveront six cents pelles toutes neuves que l'administration militaire eût pu fournir. Aucun officier n'est à la citadelle. Le garde du génie n'a reçu aucun ordre pour le travail. Les habitants sont forcés de regagner leurs domiciles.

Les officiers du génie ont fait à cheval le tour de la ville. Ils ont reconnu qu'il y avait trop à faire pour la mettre en état de défense. La proximité des Prussiens, dont on affirme déjà les coureurs du côté de Montcornet, ne permet de rien entreprendre comme fortification sur les deux points qu'ils signalaient comme indispensables à la défense.

Le général de Maudhuy annonce, dans l'après-midi, que le corps de Vinoy va arriver et que, pour lui, il a ordre de se replier sur Paris. Il n'ordonne de travaux ni pour la citadelle, ni autour de la ville. Désillusion de la population. L'émigration se prononce.

Laon est encombrée de troupes aux uniformes les plus divers.

Le soir, un officier, qui arrive par Saint-Quentin, annonce que l'armée de Mac-Mahon a été battue et que ce général est blessé ; c'est certain.

Le chemin de fer de Tergnier à Laon ne reçoit plus de voyageurs. Il est livré exclusivement au matériel de guerre et aux soldats qui, partis de Paris les derniers, n'ont pu entrer dans les Ardennes et regagnent la capitale par Hirson, Laon et Tergnier.

La nuit, d'immenses troupeaux de moutons, de bœufs, des attelages de chevaux encombrent les routes et se dirigent sur le Nord.

Les journaux de Paris du matin n'arrivent plus.

Le télégraphe a annoncé une baisse de 1 franc.

Une tristesse morne règne partout. On commente, pour se rassurer, ces paroles prononcées hier, dans les couloirs du Palais législatif, par le ministre de la guerre Palikao : « Je veux taire le vrai « ou le faux jusqu'au moment où j'aurai « à vous apprendre la victoire officielle. »

Les premiers uhlans, venant de Rethel, paraissent à Nizy-le-Comte sur la route de Rethel à Laon, d'un côté, et à Lor sur la route de Neufchâtel à Reims et à Soissons de l'autre. Ainsi s'indique déjà le double courant de l'invasion.

Dimanche 4. — La foudre éclate. A six heures du matin, la terrible dépêche qui annonce la capitulation de Sedan est affichée dans Laon, et l'Empereur est prisonnier.

A la fatale nouvelle, les campagnes s'émeuvent. La ville de Laon est envahie par des myriades de voitures villageoises, chariots, charrettes, apportant des provisions des grains battus et en gerbes, des mobiliers pour lesquels on sollicite l'entrée des maisons, même des caves.

Première apparition de l'ennemi à Berry-au-Bac. Panique. La frayeur est contagieuse. Chaque village traversé par l'émigration perd quelques habitants. Ce sont les plus pauvres souvent qui partent les premiers.

Bruits vagues que la République est proclamée à Paris où il y aurait eu des désordres.

On annonce que le chemin du Nord organise pour Paris et le nord un dernier train. Une foule énorme l'encombre.

On dit que les uhlans ont paru à Pignicourt, à Bertricourt et à Loivre où ils auraient eu un engagement avec la compagnie de mobiles envoyée à Guignicourt pour défendre la station et qui aurait perdu beaucoup de monde. Il y a eu seulement échange de quelques coups de fusil, et les mobiles se sont retirés sur Laon sans avoir souffert.

Le feu est mis sans résultat à la mine du pont de Guignicourt.

A quatre heures, arrivée d'une dépêche télégraphique annonçant la proclamation de la République. Elle n'est affichée qu'à

dix heures du soir. En présence du général de Maudhuy, M. Ferrand, préfet, annonce qu'il est décidé à donner sa démission, mais que, dans l'intérêt de la défense du pays, il restera jusqu'à l'arrivée des Prussiens.

Le général de Maudhuy quitte la ville de Laon pendant la nuit.

Le soir, le corps de Vinoy commence à se montrer. Ses premières troupes arrivent à la gare.

Lundi, 5. — Les derniers régiments de Vinoy arrivent par Marle et Crécy.

Un corps prussien, isolé disent les uns, coupé prétendent les autres, tant les illusions sont difficiles à déraciner, est parti de Rethel, se dirigeant sur Reims par Neufchâtel et Bourgogne.

On parle déjà de l'envahissement presque complet des cantons de Rozoy et de Neufchâtel par les Prussiens qui suivent Vinoy à deux jours de marche. On l'apprend par les maires du canton de Rozoy, qui amènent leurs jeunes gens de la classe 1870 pour les opérations du tirage et de la révision qui commencent aujourd'hui à Laon. Personne ne manque à l'appel.

La division du général d'Exéa arrive à Soissons, en laissant Reims sans défense.

Le Conseil municipal de Laon se déclare en permanence.

A Soissons, l'œuvre de destruction se poursuit activement dans la zône militaire. Le vide se fait autour de la ville. On abat les arbres, les haies, les clôtures, en attendant qu'on détruise les maisons.

Démission officielle du préfet.

Proclamation du général Vinoy annonçant que le lendemain il partira pour Paris.

Vive discussion entre le préfet de l'Aisne et le Conseil municipal de Laon, à propos de l'impossibilité de défendre la ville qui va être abandonnée par l'armée de Vinoy.

A six heures du soir, trente uhlans arrivent à Coucy-lès-Eppes et y couchent. Le lendemain, avis en est donné à Laon.

Mardi, 6. — Vers sept heures du matin, Vinoy part avec son armée pour La Fère où il va prendre le chemin de fer.

Il laisse derrière lui à la gare un immense convoi de munitions, de bestiaux, de grains. Pillage de la gare par des traînards auxquels se joignent des gens coupables à qui la justice demandera sans doute un compte sévère. Des sucres, des tabacs, d'autres marchandises disparaissent dans ce tumulte. Un peu auparavant, la cave d'un marchand de vins en gros qui habite la gare, avait été saccagée par ces soldats indisciplinés qui ont fait la honte de notre armée en ce moment où la France avait déjà trop de causes de douleur.

Le maire de Laon fait monter à la citadelle des avoines qu'on peut sauver et des caissons de munitions. Un convoi de quatre-vingt-dix bœufs abandonnés dans un champ près la gare, tombera bientôt aux mains de l'ennemi.

La ville, ainsi laissée à elle-même, est livrée à l'émotion. La population stationne devant l'Hôtel-de-Ville où le Conseil municipal siége en permanence. Il décide qu'en l'absence de toute force militaire, la ville ne peut donner aucun concours à la défense de la citadelle ; que, néanmoins, la garde nationale sera convoquée pour faire le service intérieur.

Dépêche du ministre de l'intérieur qui invite les préfets de l'Aisne, de l'Oise, Seine-et-Oise, Seine-et-Marne, à procéder aux opérations du tirage et de la révision, et à diriger sans délai les conscrits sur Paris.

Le tirage au sort se continue à Laon par le canton de Neufchâtel, bien que ce canton soit déjà entamé par l'invasion.

Le matin à sept heures, le génie fait sauter le magnifique pont du chemin de fer à Villeneuve, près Soissons.

Le *Journal de l'Aisne*, qui, depuis la veille, a interrompu sa publication normale, en paraissant avec un format moins grand, déclare que, faisant abnégation momentanée de ses opinions politiques, il concourra de toute son énergie au maintien de l'ordre et de la concorde.

Sur la demande de la population de Laon, le préfet envoie au gouvernement une dépêche pour lui faire connaître la situation de la ville.

Le soir, vers six heures, on signale des cavaliers armés de lances sur la route de Reims. Rappel battu. Patrouilles.

Les uhlans, au nombre de vingt-sept, montent à Laon par la rampe de Vaux. La fusillade les accueille. Ils fuient laissant trois prisonniers. Une balle perdue atteint un habitant du faubourg de Vaux.

Par ordre du général Théremin, les ponts-levis devant les portes de Laon seront désormais levés à sept heures du soir et relevés le lendemain à huit heures du matin.

Mercredi, 7. — Dépêche du ministre de la guerre au général Théremin, lui donnant l'ordre, en cas d'approche de l'ennemi en force supérieure, de se retirer sur Soissons avec les mobiles. Le préfet la lit au maire en présence de plusieurs conseillers municipaux.

La population, qui vit en permanence sur la place publique, discute vivement les moyens à prendre pour assurer la sécurité de la ville vis-à-vis de la citadelle.

A cinq heures du soir, un parlementaire prussien se présente. Il est congédié, parce qu'il n'a pas le grade nécessaire pour traiter avec le général commandant de la place.

Après son départ, M. Ferrand, qui vient donner quelques explications à la foule réunie sur la place, l'exhorte au calme et à la confiance. Le préfet, par une dépêche du 7, annonce au ministre que le parlementaire a sommé la place au nom du roi de Prusse qui a quitté Rethel aujourd'hui même au matin. L'avant-garde d'une armée qui se dirige sur Laon est aux environs de Sissonne. C'est à cette avant-garde qu'appartenaient les cavaliers repoussés hier.

Jeudi 8. — 500 hussards prussiens logent à Berry-au-Bac.

La réponse du ministre à la dépêche du préfet du 6, n'est pas arrivée. La population de Laon l'attend avec anxiété. Le Conseil municipal, suivi d'un certain nombre de citoyens, se rend à la Préfecture pour savoir si l'on y a reçu cette réponse et quel parti sera pris définitivement.

On croit voir des préparatifs de départ. Une voiture est attelée; on dit qu'une autre est commandée chez un loueur. Dans la foule, on commente ardemment ces apprêts de départ et on crie qu'il faut empêcher le préfet de quitter la ville après l'avoir mise dans l'embarras. Plusieurs citoyens pénètrent dans le cabinet du préfet avec la municipalité. Scène très vive. On reproche au préfet de vouloir s'en aller, mais on l'en empêchera. M. Ferrand proteste avec force contre cette accusation, contre cette calomnie; il s'est engagé à rester, il restera. Un peu plus tard, il fait annoncer, à son de tambour et par toute la ville, que, loin de vouloir quitter Laon, il y restera avec Mme Ferrand jusqu'au dernier moment.

Après le départ des citoyens, explications de la plus extrême vivacité entre les conseillers municipaux et le préfet, auquel un d'eux reproche d'avoir toujours induit en erreur le Gouvernement sur la possibilité de défendre la ville, quand il savait aussi bien que tout le monde qu'elle n'était nullement en état de résister, et quand on s'exposait à la compromettre ainsi publiquement et aux yeux du pays.

Plus tard, dans le sein du Conseil municipal, cette discussion se renouvelle avec la même violence, quand le préfet se rend à l'Hôtel-de-Ville, où l'on prend la résolution d'envoyer une commission auprès du Gouvernement pour lui fournir des renseignements sur la vraie situation de la ville.

A cinq heures du soir, arrivée du colonel comte von Asvensleben comme parlementaire. Il entre en ville les yeux bandés et est conduit à la citadelle où il somme le général Théremin de rendre la place, lui annonçant qu'en cas de refus la ville de Laon sera bombardée. Il lui annonce aussi l'arrivée d'une armée entière qui marche sur la ville. En quittant la citadelle, le parlementaire est mandé à l'Hôtel-de-Ville où il fait les mêmes déclarations.

Envoi par le maire au ministre de la guerre d'une dépêche ainsi conçue :

« L'armée du grand-duc de Mecklembourg
« entoure Laon et somme la place de se
« rendre. Si la reddition n'est pas effec-
« tuée demain avant dix heures du ma-
« tin, Laon subira le sort de Strasbourg. »

Le soir, la foule s'amasse sur la place. Elle se porte à l'hôtel du *Chevreuil* où dîne le général Théremin. Quelques citoyens pénètrent jusqu'à lui et lui demandent ce qu'il a décidément résolu de faire. En bon militaire, le général répond qu'il n'a qu'à exécuter les ordres du ministre de la guerre. La foule s'irrite et déclare qu'elle ne laissera pas le général sortir ; mais elle se calme sous la parole conciliante de M. Vinchon, maire, qui lit la dépêche envoyée par lui tout à l'heure au général Leflô pour lui faire connaître l'ultimatum prussien et l'impossibilité de la résistance. Ramenés au sentiment de la raison, les citoyens se retirent, et fort avant dans la nuit, arrive cette dépêche du ministre de la guerre « au comman-
« dant de Laon et aux conseillers muni-
« cipaux : Agissez devant la sommation
« selon les nécessités de la situation. Pour
« copie conforme, le chef de station,
« V. Chalenton. »

Le général et le préfet rédigent de concert un projet de capitulation que le maire de Laon a vu entre les mains du préfet, mais dont personne jusqu'ici ne connaît encore les termes.

A Soissons, on reçoit des renseignement précis sur le corps d'armée qui menace cette ville. C'est celui du Prince héritier que précèdent deux divisions de la landwehr, en tout 45 à 50,000 hommes qui, réunis à Soissons, doivent poursuivre leur route par Villers-Cotterêts et Crépy-en-Valois.

Dix uhlans paraissent à Château-Thierry qu'ils traversent au pas et où ils font quelques réquisitions ; puis ils repartent pour Montmirail, en annonçant l'approche de toute l'armée.

Chéry-lès-Rozoy a un camp prussien d'où les réquisitions s'exercent en grand et avec exigence à Montcornet, Dizy-le-Gros, Vigneux, Harcigny, Braye, etc. Vervins n'a encore vu aucun ennemi et restera terre française et libre jusqu'à la veille de la paix.

Vendredi 9. — De grand matin, les habitants apprennent les derniers événements de la nuit, c'est-à-dire, la réponse du gouvernement et la décision du général Théremin. La garde nationale rapporte ses armes à l'Hôtel-de-Ville.

A neuf heures, M. de Chézelles, chef du bataillon de mobiles de Laon, part pour Eppes, chargé par le général Théremin de régler avec le duc de Mecklembourg les conditions de la capitulation de Laon.

A onze heures, retour du commandant de Chézelles annonçant que tout est réglé et que l'armée prussienne est en marche sur Laon.

A midi, par une pluie battante, arrivée des premières troupes ennemies. Le duc de Mecklembourg et son état-major pénètrent en ville au son de la musique, et se rendent à la citadelle où ils font leur entrée.

Aux termes de la capitulation, les mobiles laissés libres sur parole de ne pas servir contre l'Allemagne pendant la durée de la guerre, après avoir déposé leurs armes, défilaient et sortaient de la citadelle.

Le duc et le général causaient auprès de la table où ils allaient signer la capitulation.

Une effroyable détonation se fait entendre. C'est la poudrière qui saute. L'explosion renverse tout, anéantissant le magasin à poudre, éventrant la caserne, ruinant tout un quartier de la ville et une partie du faubourg de Vaux, portant la mort et les blessures au milieu des Français et des Prussiens.

Le duc de Mecklembourg reçoit des contusions à la jambe, le général Théremin deux graves blessures à la tête. Dix officiers de mobiles sont tués sur place, et neuf blessés plus ou moins sérieusement, l'un d'eux mortellement. Plus de deux cents mobiles sont écrasés sous les décombres où ils périssent ; cent cinquante de leurs camarades sont atteints par les pierres. Dans la rue du Cloître, plusieurs personnes sont frappées et blessées dans leurs maisons, et une femme est écrasée à Vaux.

Du côté des Prussiens, un capitaine d'artillerie et trente-deux sous-officiers et soldats périrent là, tandis que huit officiers et soixante-trois sous-officiers et soldats étaient blessés.

En résumé, on évalue à quatre cent soixante environ le nombre des victimes, trois cent soixante parmi les Français et quatre-vingt-dix à cent parmi les ennemis.

Quand on revient de la stupéfaction première, on assiste à une scène terrible. Les Prussiens fusillent les mobiles qui fuient, et ils les poursuivent par les rues et jusque dans les maisons. Sur la place, un poste qui stationne auprès de l'Hôtel-de-Ville arrête les citoyens qui regagnent à la hâte leurs demeures, et croise la baïonnette, en criant à la trahison.

Le Conseil municipal siégeait à l'Hôtel-de-Ville en ce moment. Le maire, les conseillers sont entourés, menacés par des soldats furieux qui veulent les tuer à coups de baïonnettes. Bientôt arrive le duc de Mecklembourg, couvert de poussière ou plutôt de boue liquide, car il pleuvait toujours. Il est furieux. Il menace et parle d'une vengeance dont on se souviendra dans mille ans. M. Vinchon, maire, est assez heureux pour faire accepter ses explications et prouver toute la loyauté de la conduite de la ville.

Grâce aussi à l'initiative bienveillante, aux efforts énergiques et persistants du colonel Alvensleben qui plaida chaleureusement la cause de la ville et apporta à son secours son témoignage personnel, le duc de Mecklembourg renonça à ses projets de vengeance, et Laon échappa ainsi aux représailles que pouvait lui attirer l'acte de désespoir insensé et coupable du garde d'artillerie Henriot, qui avait mis le feu aux poudres à la citadelle et causé cet immense désastre dont le monde entier va s'occuper.

Revenus de leur première émotion, les citoyens, les fonctionnaires, le préfet en tête, des prêtres, jusqu'à des femmes, relèvent les blessés et les morts ; amis comme ennemis reçoivent les mêmes soins dévoués.

Le général Théremin, retiré de dessous les décombres, est transporté à l'Hôtel-Dieu et consigné comme prisonnier.

Le préfet, M. Ferrand, est arrêté aussi et soumis à un premier interrogatoire.

A la violence de la détonation qui ébranle toute la ville, les détenus de la prison de Laon, parmi lesquels se trouvent des condamnés très-dangereux évacués, à la fin d'août, de Reims sur Laon,

reconnaissent qu'il se passe quelque chose d'anormal dont ils peuvent tirer parti. Au moment où le gardien-chef entre dans leur quartier, ils se jettent sur lui, l'empoignent au cou et veulent l'étrangler pour lui enlever ses clés. Il résiste. On vient à ses cris, et un poste prussien est appelé pour remettre l'ordre.

Dans l'après-midi, l'autorité prussienne publie un ordre de désarmement. Les citoyens déposent leurs armes à l'Hôtel-de-Ville.

On commence les travaux de déblaiement de la citadelle. On emporte les cadavres à l'Hôtel-Dieu où ils sont enterrés.

Dans l'après-midi, un premier corps d'au moins vingt mille hommes de cavalerie, hussards, dragons, lanciers, que le matin on avait aperçus massés en avant d'Eppes, arrive sous les murs de Laon. Une partie occupe la ville. Le reste campe dans les faubourgs, sur les routes et le long de la voie ferrée.

Les Prussiens se logent de leur propre autorité dans les maisons de Laon.

La soirée est calme relativement. La ville n'est troublée que par le pas cadencé des patrouilles et par le passage des escouades de travailleurs qui continuent à relever et à transporter les morts et les blessés.

Retour à Laon de deux des délégués qui étaient partis la veille pour Paris.

Les journaux de Laon suspendent leur publication.

Autour de Laon, les villages qui bordent les montagnes, Festieux, Veslud, Parfondru, Bruyères, Vorges, ceux de la vallée de l'Ailette sont encombrés de soldats. De Neufchâtel jusqu'à Œuilly, il passe des troupes en grandes quantités. Berry-au-Bac reçoit 3,500 hommes de l'armée saxonne ; certains habitants en logent jusqu'à quatre-vingts. On campe dans l'église sur des bottes de paille. On remarque déjà, dans la plupart des localités investies, la douceur de caractère des Allemands. On s'attendait, d'après les récits de la plupart des journaux voisins, à des excès, à des violences, à des vexations, tout au moins à de la brutalité. Au contraire, la discipline la plus sévère règne à peu près partout. Les soldats sont silencieux, jamais agressifs, rarement exigeants. Nulle part, les femmes ne sont insultées, et les troupes ennemies se conduisent mieux que certaines des nôtres. Leur admirable organisation militaire fait partout l'étonnement des populations.

Cependant, on se plaint çà et là de violences, de pillages, d'exigences très-dures. Les maisons abandonnées par leurs propriétaires sont livrées au désordre, à la déprédation. En résumé, ces faits sont exceptionnels, et le pays, dès lors, semble n'avoir à se plaindre que de la douleur morale de l'invasion, et de la lourdeur des charges et des réquisitions dont le régime écrasant s'inaugure pour lui.

Neuf uhlans paraissent à Vailly, annonçant pour le lendemain l'arrivée de forces nombreuses.

Samedi 10. — Un régiment d'infanterie prussienne arrive à Laon.

Les travaux continuent à la citadelle. De nouveaux cadavres sont retrouvés à chaque instant sous les terres et les pierres amoncelés.

Le soir, on enterre avec une certaine solennité les soldats prussiens tués à la citadelle.

Première proclamation prussienne signée par le colonel von Alvensleben.

Continuation de l'enquête sur les causes de l'explosion. Le général Théremin est interrogé, malgré son état de souffrance.

De Sains où il s'est réfugié après l'explosion, le chef de la station télégraphique de Laon apprend au gouvernement que la citadelle a sauté, mais que l'ennemi n'a pas exercé de représailles dans la ville.

En même temps, le roi Guillaume, de son quartier-général de Rèims, envoie à la reine Augusta un télégramme où il annonce que, sans aucun doute, il y a eu trahison. Un autre télégramme du chef de l'état-major prussien au ministre de la guerre, à Berlin, dit aussi que « contrai- « rement à la capitulation, » la citadelle a sauté. On croit encore, parmi les ennemis, à la trahison du général Théremin.

Le *Courrier de la Champagne* reçoit de l'autorité prussienne de Reims un *communiqué* des termes duquel il résulte que le préfet de l'Aisne, arrêté en vertu de la proclamation royale du 13 août qui supprime la conscription dans les départements occupés, va être transporté à Coblentz où en même temps il aura à rendre compte à un tribunal miiitaire de la qualité d'auteur ou complice d'attentats commis dans le département de l'Aisne contre des soldats allemands par des individus qui n'appartiennent pas à l'armée française.

Quatre uhlans, le pistolet au poing entrent à Braine, suivis de 150 cavaliers qui poussent vers Soissons, et plus tard d'un régiment entier de cavalerie.

Dans la nuit du 9 au 10, un escadron de dragons français en station à Château-Thierry repousse en partie une avant-garde ennemie. Ils se replient sur Meaux. Dans la journée, six cents Prus-

siens occupent la ville. La poste est envahie, la garde nationale désarmée.

La cavalerie est partie le matin.

Les francs-tireurs laonnois, commandant M. Dollé, arrivent à Paris, précédant la division d'Exéa à laquelle, depuis Reims, ils servaient d'éclaireurs avec les francs-tireurs girondins qu'on avait vus à Laon à la fin d'août.

Dimanche 11. — Le 12ᵉ corps d'armée (saxons) avec artillerie, bagages, provisions, arrivant de Neufchâtel, passe à Berry-au-Bac. Le défilé dure de six heures du matin à une heure de l'après-midi. 20,000 hommes avec six cents voitures se dirigent sur Cormicy, Hermonville, etc. Tous les villages entre Reims et Fismes sont envahis. On remarque quelle étude profonde l'ennemi a faite de notre réseau de voies de communication. Les troupes prennent sans hésitation les routes départementales, les chemins vicinaux de tout ordre qui les conduiront dans la direction de Château-Thierry, La-Ferté-Milon et Villers-Cotterêts, en passant sur les montagnes au sud de Soissons et en convergeant vers Paris.

Le 2ᵉ corps du prince de Saxe passe à Laon et dans les environs.

Des masses d'infanterie remplacent les cavaliers dans les villages voisins qui en sont inondés et où ils font séjour pour quarante-huit heures. Toutes nos vallées en sont pleines.

Trois régiments d'infanterie sont actuellement à Laon. Les fourriers visitent la ville. Après avoir examiné la façade de chaque maison, ils inscrivent à la craie le nombre d'hommes qu'elle devra recevoir d'après sa capacité extérieure apparente. L'arbitraire s'empare ainsi de la ville où les maisons des absents n'ont pas peu souffert. Le greffe, le cercle sont envahis. On voit défiler par la ville un convoi immense de voitures de réquisition emmenant tous les grains provenant de la citadelle et des cloîtres de la cathédrale. Réquisitions de farines, d'avoines, de chevaux et voitures, de 10,000 mètres de flanelle. Cette fois, on sent le vainqueur, et on va courber sous ses exigences.

L'ennemi est aussi arrivé en grandes forces à Château-Thierry où l'*Echo de l'Aisne* cesse de paraître.

Un nombreux corps de cavalerie est dirigé de Montmirail sur Vieils-Maisons.

Le duc de Wurtemberg entre à Braine avec une infanterie nombreuse. On envahit l'Abbatiale dont le propriétaire est mort récemment et où les scellés sont apposés. Un général requiert le juge de paix de les lever ; à son refus, il les fait briser. Dans l'établissement des haras qui est vide et dont le directeur est absent, tout est livré à la dévastation. On annonce à son de caisse l'exécution militaire , si l'on ne fait pas droit aux réquisitions demandées par les Allemands.

Départ de M. Ferrand, préfet, que les Prussiens emmènent d'abord à Craonne, puis à Reims en passant par Berry-au-Bac où ses gardiens lui permettent difficilement de s'arrêter un instant. Mme Ferrand se retire dans sa famille qui habite Amiens.

Quatre uhlans se montrent devant Soissons. On tire sur eux. Ils disparaissent. plus tard, un parlementaire prussien se présente devant la place et la somme de se rendre. Le commandant refuse énergiquement, en disant qu'il se fera plutôt sauter.

A midi, cinquante cuirassiers blancs et quelques fantassins paraissent à Sinceny, gagnent Folembray où ils déjeûnent et de là se dirigent sur Chauny. A la gare, ils coupent les fils télégraphiques et enlèvent les rails. Ils font venir le maire et lui enjoignent d'en empêcher le rétablissement, en le rendant personnellement responsable. Ils opèrent aussi le désarmement, exigeant non-seulement les armes des gardes nationaux, mais les pistolets, sabres, fusils de chasse, armes de luxe. Sur la place, les officiers se font servir du champagne qu'ils payent.

A partir de ce jour, les trains qui se dirigeaient sur Cologne par St-Quentin et Erquelines , passent par Valenciennes.

Le chef de gare de Tergnier fait enlever les rails et se replie sur Saint-Quentin. De cette ville on ne communiquera plus désormais avec Paris que par Valenciennes et Amiens.

Vervins n'a plus aucune communication régulière avec Laon et Paris. Les dépêches de Paris n'arrivent pas ce jour-là.

Lundi 12. — Revue des troupes prussiennes qui occupent Laon.

Les régiments de l'armée prussienne n'ont pas dépassé Crépy, qui pour le moment paraît être la limite extrême de l'aile droite de l'armée envahissante. Les officiers disent qu'elle n'occupera ni La Fère ni l'arrondissement de St-Quentin. Ce sera pour le retour de Paris.

L'inondation de La Fère est tendue dans un rayon de 800 m., et l'Oise est barrée au-dessous de la place.

Une armée entière, 20,000 hommes au moins, prend possession de Château-Thierry.

On reçoit les premiers journaux qui annoncent l'explosion de la citadelle de Laon et témoignent de l'effroi qui a éclaté partout à la nouvelle de ce terrible événement. La plupart croient que le général Théremin est l'auteur de ce désastre, et ils célèbrent son héroïsme.

Le *Gaulois* affirme qu'à Tergnier les Prussiens ont fusillé tous les mobiles faits prisonniers dans la gare. Les Prussiens ne se sont pas encore montrés à Tergnier. C'est un des nombreux mensonges dont le *Gaulois* s'est rendu coupable depuis le commencement de la guerre.

Le service postal est à peu près suspendu partout dans les contrées envahies.

Partout aussi , les commandants des détachements prussiens procèdent au désarmement des gardes nationales, des pompiers et des habitants. Ils promettent de rendre plus tard les armes de luxe et celles que les familles possèdent comme souvenirs. Les armes de guerre sont confisquées et détruites. Chaque maire est rendu responsable de la non-exécution de cette mesure, et quiconque ne livrera pas ses armes doit s'attendre à être condamné à la transportation en Allemagne , ou « à une amende équivalente. »

Mort de M. Fossé , adjoint de la commune de Chivres-et-Machecourt. Il croyait les fusils cachés et répondit aux soldats de passage dans la commune qu'il n'avait pas d'armes. On les trouva et on l'emmena prisonnier à Laon. Soit, comme le disent les habitants du pays, que ses gardiens lui aient dit qu'il était libre et aient tiré sur lui pendant qu'il s'en allait sur la foi de leurs promesses, soit plutôt probablement que M. Fossé , arrivé avec son escorte dans la forêt de Samoussy auprès de Gizy, ait cru l'occasion bonne pour s'enfuir, il tomba frappé mortellement de trois balles et resta là jusqu'à que sa famille vînt le relever.

A Landricourt, une perquisition faite dans le clocher amène la découverte d'armes et de munitions cachées. Le maire et le garde-champêtre, attachés à des arbres, sont violemment maltraités et bâtonnés. Le curé est en butte aux plus mauvais traitements.

M. Leduc, cultivateur et maire à Courtecon, pour dissimulation d'armes aussi, dit-on, est maltraité, emmené et retenu prisonnier pendant plusieurs jours.

Mardi 13. — Départ de toutes les troupes qui depuis deux jours occupent Laon et ses environs. D'énormes convois de munitions et de trains d'équipages passent par les faubourgs de Vaux et d'Ardon, et prennent la direction de

Vailly. Une certaine partie de l'armée suit la route de Coucy où la cavalerie a déjà passé il y a deux jours.

A Cœuvres, ces cavaliers somment le maire de déclarer ce que la commune a de fusils, le menaçant de mettre le feu au village s'il n'en accuse pas le nombre exact. Conduits avec d'autres armes aux Vertes-Feuilles sur la route de Soissons à Villers-Cotterêts, ces fusils y sont détruits. A Vic-sur-Aisne, cent cinquante fusils sont brisés et jetés à la rivière ; à Guny, on les brise et on en brûle les bois sur la place.

Partout, on remarque que les officiers qui commandent les détachements en marche sont munis d'excellentes cartes lithographiées et qui sont la copie de la carte de l'état-major français.

Le beau pont-viaduc de Creil est détruit. La gare ne communique plus avec Paris que par Pontoise et Saint-Ouen. Ainsi se préparent l'investissement et l'isolement de la capitale.

On voit arriver à Rennes 300 canonniers du régiment d'artillerie qui tenait garnison à La Fère.

Le bruit court à Valenciennes que l'ennemi a paru dans la forêt de Mormal. A une dépêche du sous-préfet de Valenciennes, le sous-préfet de Saint-Quentin répond que l'armée allemande, négligeant jusqu'à présent l'arrondissement de Saint-Quentin, marche sur Paris par les vallées de l'Aisne et de l'Oise.

Une intendance et une ambulance arrivent à Laon et s'y installent. Un bataillon du 26° de ligne, fort d'environ 1,000 hommes et commandé par le major Fritch, tiendra garnison dans cette ville.

En déblayant les terrains où fut la poudrière qui a fait explosion, les Prussiens découvrent environ quatre cents quintaux de poudre qui n'ont pas pris feu.

Les journaux de Paris parlent d'un engagement entre les francs-tireurs de Laon placés en avant-poste à Mortcerf (Seine-et-Marne) et des uhlans dont deux sont restés sur place. Les francs-tireurs rentrent à Paris sans avoir perdu un homme. Les détails de cette rencontre sont tellement exagérés qu'il faut attendre de nouveaux renseignements pour y croire. Ils sont publiés par le *Gaulois*, c'est tout dire.

Mercredi 14. — Le *Figaro* publie le fameux article : « Laon n'existe plus.... « La montagne s'est effondrée. »

Une dépêche de Berlin du 14 crie à la trahison et annonce qu'en représailles du fait de Laon, on a envoyé des bombes sur Metz.

Le *Gaulois* reproduit une lettre d'un mobile accusant le général Thérémin d'avoir fait, par *toquade*, sauter la citadelle.

La presse entière s'empare de la catastrophe de Laon et la raconte avec force mensonges et exagérations.

Laon et le pays n'ont plus la masse effrayante de soldats qui ont affamé la contrée ces jours passés. Le calme, le silence et la douleur règnent en maîtres là où dominait tout à l'heure la plus fiévreuse agitation. La ville et le pays commencent cette vie de tristesse et d'isolement qui durera six mois. Plus de nouvelles. Les communications sont interrompues avec les contrées les plus voisines.

Des cantons de Coucy et de Vic-sur-Aisne, les Prussiens passent dans celui d'Attichy et traversent l'Aisne sur le pont de Cuise-la-Motte qu'on n'a pas fait sauter, envahissant d'un côté Pierrefonds par la forêt, et par la route impériale se dirigeant sur Compiègne.

Un deuxième parlementaire se présente, vers midi, à l'une des portes de Soissons et demande la reddition de la place au nom du commandant du 4° corps prussien. Refus formel. Après le départ du parlementaire, une batterie prussienne, qui défile à portée de la ville, y lance quelques obus. Cette démonstration ne paraît pas encore annoncer un siège en règle, mais en être le premier avant-coureur. La campagne est à peu près libre, et la place en état de défense.

Jeudi 15. — L'enquête sur l'explosion de la citadelle de Laon est terminée. On dit déjà que le général Thérémin aurait été reconnu innocent et aurait été acquitté par le conseil de guerre. Une lettre de Laon du 15, insérée dans le *Mémorial d'Amiens* du 17, parle d'une faible majorité de trois voix contre deux.

D'autres lettres de Laon disent aussi, mais par erreur, que M. Ferrand, préfet, aurait été condamné à mort à Reims et qu'il n'aurait dû sa commutation de peine qu'aux instances de l'archevêque, Mgr Landriot. M. Ferrand n'est pas encore parti pour l'Allemagne. Une lettre d'un curé des environs de Metz chez lequel il a couché, le montrera triste, mais résigné.

Les journaux commencent à connaître le véritable auteur de la catastrophe de Laon. C'est le garde d'artillerie Henriot, que partout on proclame un homme digne de l'antiquité, un héros. Pas un des organes de la presse n'ose protester, au nom de la morale publique, contre un attentat au droit des gens, contre la violation de la parole engagée, d'une capitulation jurée et en voie de s'accomplir, contre la forfaiture d'un bas officier sans mission comme sans droit, et qui dans son désespoir patriotique et louable, pouvait bien se suicider et mourir seul, mais n'était plus qu'un fou et un assassin quand il sacrifiait délibérément, et avec la circonstance aggravante de la préméditation, tant de ses concitoyens innocents et vouait toute une ville à l'horreur de représailles qu'un ennemi plus emporté eût pu commettre sans encourir de blâme.

On dit vaguement, dans la ville de Laon, que les Prussiens auraient découvert dans les décombres des débris du corps ou tout au moins des vêtements d'Henriot. Des habitants, au contraire, prétendent l'avoir vu s'enfuir un peu avant la catastrophe.

Il est parvenu à Laon un numéro du *Figaro* contenant une lettre calomnieuse du capitaine Véret, du bataillon de mobiles de Laon.

Les officiers de la mobile de Laon, retenus jusqu'ici par les nécessités de l'enquête, reçoivent l'autorisation de rentrer dans leurs familles. Avant de quitter Laon, seize d'entre eux signent une protestation contre les calomnies de la lettre de leur ex-camarade Véret. Cette protestation est adressée au *Figaro*, aux journaux de St-Quentin, et sera publiée par les journaux de Laon lors de leur prochaine réapparition.

Les journaux de Paris cessent d'arriver à Vervins. Les communications postales deviennent de plus en plus difficiles.

Vendredi 16. — Des journaux de Paris et de Saint-Quentin, reçus à Laon, contiennent des articles pleins d'attaques contre la ville de Laon, ses autorités municipales et ses habitants. Une lettre anonyme d'un artilleur mobile de la garnison de Laon, accueillie sans contrôle par le *Figaro*, une autre, anonyme aussi, d'un mobile dans le *Gaulois*, sont d'une violence et d'une fausseté inimaginables et causent un chagrin profond.

On apprend qu'un convoi de convalescents de l'armée prussienne a été accueilli, le matin, à son entrée dans le village de Pinon, par des coups de feu et qu'un soldat a été grièvement blessé.

On reçoit la nouvelle de la nomination d'un préfet par le gouvernement de la défense nationale : c'est M. Anatole de La Forge, ex-rédacteur du *Siècle*.

Un décret convoque les électeurs pour la nomination d'une Assemblée constituante. Les élections auront lieu le dimanche 16 octobre prochain. Onze dé-

putés sont attribués au département de l'Aisne.

Les journaux annoncent le départ de M. Thiers et sa mission pour Londres, Vienne et St-Pétersbourg. Puisse-t-il réussir à intéresser l'Europe à notre triste sort ! Les esprits clairvoyants doutent de sa réussite.

A Vervins, on ne reçoit plus de dépêches de Paris. Déjà mardi dernier, elles ne sont pas venues. On apprend que de Paris les communications sont coupées sur le nord par suite de l'occupation des chemins de fer par les armées envahissantes qui partout se rapprochent de la capitale.

Une colonne de 3,000 hommes est à Villers-Cotterêts, une autre de 10,000 à Nampteuil. Des éclaireurs ont déjà paru à Villeneuve-Saint-Georges et Dammartin.

Soissons est bloqué par la cavalerie ennemie.

Samedi 17. — Evacuation sur Saint-Quentin des blessés français restés jusque-là à l'Hôtel-Dieu et dans les ambulances de Laon. La garnison prussienne les escorte jusqu'aux portes de la ville.

On continue à la citadelle les travaux de déblaiement. Il semble que les Prussiens veulent la remettre en état de servir. Ils noient dans le ruisseau d'Ardon les poudres retrouvées récemment et que sans doute ils trouvent de mauvaise qualité.

Le pont de Fontenoy sur l'Aisne saute le matin, ainsi que le pont suspendu de Vic-sur-Aisne qui brûle pendant toute la journée. Un soldat passe à travers le pont et se noie. Destruction du pont de Pommiers, plus près de Soissons.

De cette ville, l'on écrit que le roi Guillaume est arrivé à Villers-Cotterêts et y couchera, ce soir, avec M. de Bismark. C'est une erreur. Le roi et son état-major partent aujourd'hui de Reims et gagneront Paris par Epernay et Château-Thierry.

Dimanche 18. — Réapparition du *Courrier de l'Aisne* dont la publication a cessé le 8 septembre. Il contient un article détaillé sur les événements du 9 à Laon, là lettre du capitaine Véret, la protestation des officiers de la mobile de Laon, et quelques-uns des décrets les plus importants du gouvernement de la défense nationale.

Il annonce que M. le général Thérémin, dont les blessures paraissent marcher vers la guérison, est toujours prisonnier et gardé à vue à l'Hôtel-Dieu ;

que l'investissement de Paris est complet, et qu'on espère qu'un armistice permettra de procéder aux élections.

Une proclamation du préfet de La Forge apprend aux habitants du département de l'Aisne que, s'il a accepté la mission qui vient de lui être confiée, c'est qu'il a confiance dans leur dévouement à la République. « Si l'ennemi se présente à Saint-« Quentin, nous le repousserons ensem-« ble. »

Une seconde proclamation de M. de La Forge annonce que, en vertu des pleins pouvoirs qu'il a reçus pour porter, selon les nécessités de la guerre, le siége de la préfecture à Saint-Quentin ou à Guise, il se décide en faveur de Saint-Quentin qui, dès aujourd'hui, devient le chef-lieu provisoire du département.

Le préfet républicain, aussitôt son arrivée à Saint-Quentin, assiste aux obsèques de deux soldats français blessés, morts à l'ambulance. Sur la tombe il prononce un discours où il réclame la faveur de marcher contre les Prussiens à la tête des habitants de Saint-Quentin. Après la réception du corps municipal, visite aux blessés militaires.

On reçoit à Laon, un article du *Glaneur de Saint-Quentin,* daté: dimanche 18, qui, accueillant les calomnies des lettres où des mobiles anonymes accusent les habitants de Laon d'avoir tiré sur eux, a écrit en toutes lettres cette phrase dont sans doute ce journal a dû se souvenir et se repentir le jour où Saint-Quentin a livré ses armes : « Laon a non-seulement « déposé lâchement ses armes, mais a « menacé de les tourner contre ses propres « défenseurs. » Disons d'abord que non seulement les habitants de Laon n'ont pas menacé les mobiles de tirer sur eux, mais qu'ils n'ont cessé de les environner des soins les plus assidus, les plus fraternels, les blessés de l'explosion surtout. Disons ensuite que, sous la pression d'une force majeure, immense, celle que représente une armée entière contre une ville sans défenseurs et sans ressources, Nancy, Epernay, Reims et Laon d'abord, puis Saint-Quentin, Amiens, Rouen, Chartres, Orléans deux fois, Blois, Tours siége du gouvernement, enfin toutes les villes abandonnées par les soldats français, sont tombées avec la même douleur, avec la même rage, au pouvoir de l'ennemi. Devant une nécessité fatale et commune pour toutes, toutes elles ont subi le même sort, et la honte ne les flétrit pas plutôt l'une que l'autre. L'universalité des villes de France aurait passé sous le même joug, si cette guerre, si funestement engagée, si funestement conduite, si funes-

tement poursuivie, n'avait enfin pris fin, cinq mois trop tard. Il n'était pas réservé qu'à Laon, ce malheur privé dans le malheur de tous, le triste privilège d'être insulté publiquement par un journal se voilant sous l'ignominie de l'anonyme, car l'article du *Glaneur* est signée X. Y. Z. Après le 20 octobre prochain, la ville de Saint-Quentin se verra prodiguer par les journaux du Pas-de-Calais, de la Somme et surtout du Nord, exactement les mêmes reproches, les mêmes railleries, les mêmes injures, qu'un de ses journaux a lancés sur Laon. Il en sera de même ensuite pour Rouen, même pour Soissons bombardé trois jours. Il en a été de même pour la plupart des cités envahies dont celles qui ne l'étaient pas encore se moquaient jusqu'à ce qu'elles-mêmes, tombées aussi à leur tour, subirent le même malheur et les mêmes vitupérations.

L'article du *Glaneur* était d'autant plus coupable qu'un sentiment de jalousie seul l'inspirait, et le département, qui ne l'a pas pu lire alors, n'y verra pas sans stupeur et sans indignation ces lignes textuellement copiées: « Elle (Laon) a donc dé-« mérité du pays en général, du départe-« ment en particulier, et n'est plus digne « de conserver la position de chef-lieu. « *Voici donc le moment de battre sérieu-« sement le fer au profit de Saint-Quentin,* « ou plutôt non, le moment ne sera venu « qu'après la paix, *et il faut s'y préparer* « *dès maintenant....* L'occasion est trop « belle ; notre honorable député est au « mieux avec le gouvernement actuel.... « Toutes les circonstances sont donc « pour nous. *Profitons-en ! Profitons-en !* »

Disons hautement que la ville de Laon n'a jamais songé à rendre la ville de St-Quentin solidaire d'un article dont celle-ci n'accepterait pas la responsabilité.

(Nous nous étions engagé, en commençant la rédaction et la publication de ces éphémérides, à n'y introduire ni commentaires, ni discussion... En publiant à sa date l'article du *Glaneur,* nous ne nous sommes pas senti la force de ne pas éclater en protestations contre l'odieux mensonge qui tendait à déshonorer une ville pour lui enlever ses dépouilles.)

Le corps d'investissement qui a passé par Château-Thierry est déjà à Noisy-le-Sec donnant la main à gauche à celui qui occupe Melun. Celui qui a tourné Soissons n'est encore qu'à Villers-Cotterêts et Nanteuil-le-Haudouin, lançant ses coureurs jusqu'à Chantilly et interrompant le service du chemin du Nord.

Proclamation où le duc de Mecklembourg annonce aux populations de la

Chmapagne que les troupes de passage ont ordre de ne troubler en rien la récolte de la vendange et que toute entrée dans les vignes sera sévèrement réprimée. On remarque dans tout notre vignoble laonnois que les soldats se privent de raisins et de fruits. Par un geste expressif ils montrent leur ventre, en voulant dire que cela est dangereux à cause de la dissenterie. Consigne sévère leur a été donnée à ce sujet.

Lundi 19.—Le *Journal de l'Aisne* reparaît à son tour.

A midi, les communications télégraphiques de Saint-Quentin avec Paris sont interrompues.

Le préfet républicain Anatole de La Forge publie le décret de dissolution des conseils municipaux et ordonnant de nouvelles élections pour les remplacer. Des commissions provisoires présideront aux opérations électorales et remplaceront les municipalités jusqu'à leur élection; dans les communes envahies et où les circonstances ne permettent pas d'instituer des commissions provisoires, elles seront formées des trois premiers conseillers municipaux inscrits au tableau.

Il organise un conseil de résistance ainsi composé : Le maire de Saint-Quentin, les adjoints, trois conseillers municipaux ; trois délégués des ouvriers de la ville *exclusivement nommés par leurs camarades* ; le commandant des pompiers et le plus ancien de leurs officiers ; le commandant de la garde mobile de Saint-Quentin et un de ses officiers choisis autant que possible parmi ceux qui ont servi dans l'armée active ; le commandant de l'artillerie de La Fère et un de ses officiers ; enfin l'architecte de la ville et l'ingénieur ordinaire des ponts-et-chaussées.

Le passage des écluses entre St-Quentin et Lesdins est interdit sur le canal de Saint-Quentin en vue des mesures à prendre pour la défense des places fortes et les passages de l'Escaut dans le Nord.

Mardi 20. — Revue de la garde nationale de Saint-Quentin par le préfet revêtu d'un costume militaire, celui des volontaires de la garde nationale de Paris.

« Ce costume oblige », dit-il aux gardes nationaux et aux sapeurs-pompiers qu'il félicite de leur bonne tenue et de leurs excellentes dispositions. « Au jour du « danger, je vous demanderai comme « une faveur de m'accepter dans vos rangs « comme simple soldat. Ce jour-là, vous « me jugerez. » Puis, s'adressant aux ouvriers, il leur dit : « Prêtez-moi votre « concours et travaillons tous ensemble « au maintien de la République.»Applaudissements. On se sépare au chant des *Girondins*.

Mercredi 21. — En voyant le calme qui règne dans les pays occupés et où l'ennemi n'exerce ni sévices ni violences, les terreurs, provoquées par les récits exagérés des journaux à sensation, se dissipent. Des familles fugitives commencent déjà à rentrer à Laon où les habitants des campagnes viennent aussi chercher leurs mobiliers et leurs grains.

Réquisition de 10,000 mètres de flanelle. On ne pourra les trouver dans la ville.

On voit partir dans la direction de Coucy un détachement assez fort de la garnison de Laon. On dit qu'il va exercer des représailles contre la commune de Pinon où des coups de fusil ont été tirés, le 16, sur un convoi de blessés allemands.

Le préfet républicain visite La Fère où sur la place l'attendent l'artillerie de la mobile. Revue. Visite à l'arsenal, au cercle des officiers.

A Vervins,on est absolument sans nouvelles de Laon, Reims et Soissons. Il n'arrive que de faux bruits. Ainsi, le *Nouvelliste de Vervins* recueille cette nouvelle que, dans la forêt de Villers-Cotterêts, un engagement a eu lieu entre les Prussiens etles francs-tireurs qui ont fait éprouver à l'ennemi de telles pertes que l'autorité allemande qui occupe Laon a non-seulement dû faire des réquisitions de voitures pour aller chercher ses blessés, mais faire évacuer les hôpitaux d'où les malades français sont transportés dans d'autres établissements, afin de faciliter le placement des blessés qui vont arriver du Soissonnais.

Rien de bien important à Soissons, où le marché du jour est bien approvisionné. On signale seulement quelques détachements ennemis à Venizel et Villeneuve.

Jeudi 22. — Les journaux de Reims sont requis de publier un *communiqué* où il est déclaré que le roi de Prusse ne traitera pas avec le gouvernement provisoire.

On remarque déjà parmi les officiers de la garnison de Laon la confiance qu'ils manifestent dans la prochaine entrée de leurs armées à Paris.

M. Anatole de La Forge, en vertu des pouvoirs qu'il tient du gouvernement de la défense nationale, et dans la certitude que certains fonctionnaires nommés par l'Empire «ne peuvent qu'être un obstacle « au libre exercice du suffrage universel « à la veille des élections, » révoque

MM. de Barral, de Barillon et Rollat, sous-préfets, le premier de Soissons, le second de Vervins, et le troisième de Château-Thierry.

Le Préfet de l'Aisne fait un appel pressant au patriotisme des habitants du département, pour qu'ils aient à verser par avance leurs contributions et assurer ainsi des ressources à la défense nationale.

L'autorité prussienne fait afficher à Laon et dans toutes les communes voisines un placard dont elle requiert l'insertion aussi dans les deux journaux, et annonçant que le prince de Saxe, général en chef de l'armée de la Meuse, a infligé à la commune de Pinon une contribution de 15,000 fr. en punition de l'attaque dirigée, le 16, contre le convoi de convalescents prussiens.

Le roi Guillaume et M. de Bismark arrivent à Château-Thierry vers six heures du soir. On dit qu'à cause des francs-tireurs qui se sont jurés de les prendre ou de les tuer, ils ont suivi la route vicinale de Dormans au lieu de venir par la grande route de Paris. La ville est gardée par des postes nombreux. Des sentinelles sont à chaque coin de rue. Un lieutenant de police se tient derrière les fourgons. Chaque village est gardé en force, et jusqu'à Meaux la route est bordée de soldats.

Vendredi 23. — De Laon, on a entendu quelques coups de canon dans la direction de Soissons.

Le consul de Belgique à Saint-Quentin offre son intermédiaire aux familles de l'Aisne et de l'Oise qui ont des parents prisonniers en Allemagne, pour faire parvenir à ceux-ci des secours en argent et des lettres sans importance politique.

En quittant La Fère, M. Anatole de La Forge se rend à Guise et descend chez M. Godin-Lemaire dont il visite les ateliers. Ovation. Les ouvriers veulent le porter en triomphe. Ils signent une adresse où ils demandent à être tous portés sur la liste de la garde nationale, « cette force du peuple », à être armés et pourvus de munitions.

Samedi 24. — Par avis de l'inspection académique, la rentrée des classes aura lieu dans *toutes* les écoles le 26 septembre. Dans les communes où l'école serait convertie en ambulance, l'instituteur continuera à remplir les fonctions d'infirmier. La réouverture des cours de l'école normale occupée par une ambulance n'aura lieu que postérieurement.

Circulaire du préfet de St-Quentin contre les maraudeurs. « Il n'y a que les « ennemis de la République qui aient « intérêt à fomenter des désordres. »

Une dépêche du gouvernement de la défense nationale annonce le résultat négatif de l'entrevue de M. Jules Favre avec M. de Bismark à Ferrières. Donc guerre à outrance ! Ajournement des élections pour une Assemblée nationale.

Comme sanction matérielle à cette mauvaise nouvelle, le canon se fait entendre de nouveau à Soissons où l'ennemi s'est montré en force pour la première fois et a attaqué des travailleurs qui coupaient, dans les bois de Villeneuve, des arbres pour les fortifications de la ville. Sortie de la garnison. Les mobiles font merveille. Le commandant Denis, du 15e de ligne, est blessé, ainsi qu'un autre officier et quelques soldats. Un turco est tué. Des mobiles et des ouvriers de la ville servant comme volontaires et franctireurs dispersent, sur la route d'Oulchy une soixantaine de uhlans en réquisition dans les villages voisins et leur prennent un certain nombre de chevaux. A quatre heures, les Prussiens occupent les hauteurs de Septmonts et de Sainte-Geneviève, et la gare est envahie. Deux bombes tombent dans la ville. Le combat dure de une heure à six heures du soir.

Dimanche 25. — Dans la nuit, vers une heure, trois personnes se présentent à la porte d'Ardon pour rentrer dans la ville de Laon. Au lieu de répondre aux trois cris de *wer da* de la sentinelle, elles se prennent de peur et s'enfuient : le soldat prussien fait feu, et le nommé Bellavoine, peintre à Marle, occupé dans la ville à des réparations aux maisons endommagées par l'explosion du 9, tombe frappé à mort ; la balle lui avait traversé la colonne vertébrale. Transporté par les soins d'un officier prussien à l'ambulance de l'école normale, Bellavoine y mourait dans la matinée.

Quelques voitures de blessés prussiens sont dirigées de Laon sur Reims.

Le canon de la place de Soissons gronde toute la journée. Il foudroie la gare et les maisons voisines qui peuvent servir de refuge à l'ennemi et le masquer. L'artillerie de la mobile atteint quelques hommes, malgré leur soin extrême à ne se présenter jamais en nombre en vue du canon et à s'éparpiller en se couvrant du moindre obstacle. De nouveaux villages sont envahis, et de la route de Reims l'ennemi s'étend jusqu'à celle de Paris. Les Allemands sont à Belleu, dont l'église est atteinte par les boulets de la place, à Chevreux, à Vauxbuin, au château de M. Sieyès,

Les Prussiens rétablissent le pont de Pommiers sur l'Aisne, que le génie a fait sauter il y a quelques jours. Quelques habitants de Pasly et de Vauxrezis, villages voisins de Pommiers, essayent de s'opposer à coups de fusil à cette reconstruction. Les Prussiens disparaissent, pour revenir assez avant dans la nuit. A Pasly, ils se font désigner les maisons des pompiers qu'ils arrêtent ainsi que l'instituteur. Même expédition à Vauxrezis où l'instituteur est arrêté aussi comme ayant livré aux habitants du village des fusils qu'il aurait dû rendre au désarmement. Sur place, un conseil de guerre s'installe, procède à une enquête. Les deux instituteurs et cinq habitants sont condamnés à mort, confessés par le curé qu'on force à donner à ces malheureux les derniers secours de la religion, et tous ils sont fusillés et enterrés dans un bois.

Le préfet de La Forge, en uniforme de mobile, assiste au convoi de deux soldats français qui viennent de succomber aux ambulances de Saint-Quentin.

Avec la proclamation du gouvernement qui annonce que la Prusse ne veut pas traiter avec la République et qui suspend les élections, le préfet publie l'arrêté qui conservera le titre de : *Le livre d'or de la Démocratie*; c'est un registre qu'il ordonne d'ouvrir dans les mairies de toutes les communes du département et où chaque citoyen ira protester, avec le gouvernement de la défense nationale, contre toute occupation de la moindre « parcelle de la « France », vœu généreux que malheureusement nous n'aurons ni le pouvoir, ni les moyens, ni la force de faire passer dans le domaine du fait accompli.

On ouvre, à Saint-Quentin, un registre d'enrôlements volontaires.

Le Conseil municipal de cette ville décide qu'en présence des évènements, la grande foire dite *de Saint-Denis* n'aura pas lieu cette année.

Dans l'intérêt de la convalescence des blessés militaires, le comité saint-quentinois ordonne que les ambulances du Lycée et de la Croix seront évacuées sur celles de la campagne. Tous les grands propriétaires offrent leurs demeures et leurs soins avec empressement.

Le service des voyageurs et des marchandises est rétabli entre Tergnier et Noyon, la contrée étant libre d'ennemis pour l'instant, et les rails de la gare de Chauny ayant été replacés malgré la défense des Prussiens.

Vive polémique entre le *Courrier de l'Aisne* et le *Journal de Saint-Quentin*, à propos des reproches que le premier fait aux habitants de Saint-Quentin de vouloir dépouiller Laon de son droit au chef-lieu. « Saint-Quentin a été déclaré préfecture « par la *volonté* du Préfet de l'Aisne muni « de tous pouvoirs à cet égard, et non par « l'effet d'une intrigue quelconque, » dit le *Journal de Saint-Quentin* qui ajoute : « La question *majeure* de la préfecture « est donc *désormais tranchée*. Nous ne « nous réjouissons pas du désagrément « que Laon peut en ressentir ; mais est-il « défendu de nous féliciter de ce qui « dans les *circonstances pénibles que nous* « *traversons*, peut nous arriver *d'heureux?* « Plus tard, on *pourra* examiner *à loisir* « la conduite de Laon, lui rendre justice « *s'il y a lieu*, et, en tous cas, rechercher « avec impartialité les causes de son dé- « sastre et des *conséquences qu'il amène* « *pour elle.* »

A la même date du mois prochain, le *Journal de Saint-Quentin* eût sans doute tenu un autre langage.

La presse cambraisienne se charge, d'ailleurs du soin de la vengeance de Laon. Elle commence contre Saint-Quentin cette campagne de railleries qu'en octobre elle continuera sans pitié, après la fatale journée du 21. On fait circuler dans tout le Cambraisis le bruit que la garde nationale de Saint-Quentin s'est désarmée elle-même, avant même que l'ennemi ai paru. M. Dufayel, commandant de la milice saint-quentinoise, rectifie les faits dans une lettre qu'il adresse au *Libéral* de Cambrai. S'il est parti de Saint-Quentin des fusils et des barils de munitions, c'est lui-même qui les a envoyés au commandant de la place de Cambrai sur l'ordre de l'administration supérieure. Ces munitions et ces armes n'appartenaient point à St-Quentin, mais à des communes voisines qui n'étaient pas venues les prendre. On les a donc mises en sûreté dans la place la plus voisine : « Mais la « garde nationale de Saint-Quentin a con- « servé et conservera ses armes. Elle a « fait ses preuves, et quand de mauvai- « ses plaisanteries circulent sur son « compte, il importe au commandant in- « digné de lever tous les doutes qui pour- « raient s'élever à cet égard. »

Le major Fricht, commandant de la place de Laon, interdit la circulation de la voiture de Marle qui apporte des journaux des pays non envahis. Arrestation d'un facteur de Laon.

A Neufchâtel, il y a une intendance militaire et une poste qui fait le service d'un côté sur Rethel, et de l'autre sur Fismes. La poste de Fismes est attaquée par des francs-tireurs aux environs de la ville. Deux gardes de l'escorte sont tués. La ville de Fismes, qui a déjà beaucoup souffert, est frappée d'une imposition de 20,000 francs. On arrête, sous l'inculpation de complicité d'attaque à main armée sur ce courrier, un ouvrier nommé Désiré Laby, né à Fère-en-Tardenois, et on l'emmène prisonnier à Reims où le procès ne lui sera fait que le 11 janvier prochain et où il sera fusillé le lendemain.

Lundi 26. — Le cercle des carabiniers de Saint-Quentin met à la disposition de la municipalité le registre d'inscription *le Livre d'or*, magnifiquement relié, à coins et à fermeture de cuivre, et aux armes de la ville gravée sur une plaque de cuivre et d'émail apposée sur le plat, dit le *Glaneur*.

A Laon, on croit au bombardement de Soissons, tant les détonations sont fortes et répétées. Cependant, aucune batterie ennemie n'est encore montée. C'est la place qui canonne la fabrique de sucre de M. Santerre au faubourg de Reims. Le soir, vers six heures, une sortie se dirige sur Villeneuve-Saint-Germain où l'ennemi est en force. Plusieurs bâtiments où il s'abrite sont démolis. Dans le faubourg de Reims, la fusillade retentit jusqu'à la nuit. Billy est occupé par une nombreuse cavalerie : c'est là qu'est l'état-major prussien.

Jusqu'à Vervins aussi, on a entendu le bruit de la canonnade de Soissons.

M. de Barillon, sous-préfet de Vervins, révoqué par le préfet républicain, adresse, par la voie des deux journaux de la ville, des adieux très dignes à ses administrés. Il est, dit-il, des circonstances où l'honnête homme ne récrimine pas contre les mesures qui le frappent, tout irrégulières qu'elles soient. Jamais M. de Barillon n'a permis par sa conduite qu'on l'accusât, comme l'a fait M. Anatole de La Forge, d'avoir « été un obstacle au libre exercice « du suffrage universel dans les élec-« tions. » M. de Barillon croit que les malheurs qui pèsent sur notre pauvre pays exigent plus que jamais union et concorde. « Groupons-nous donc, dit-il, « autour d'un seul et unique drapeau, « celui de la France en danger. Quelle « que soit la forme du Gouvernement, « ne refusons pas notre concours à ceux « qui s'efforcent de nous sauver. Si, par « bonheur, ils réussissent dans leur no-« ble entreprise, nous dirons hardiment « et d'une seule voix qu'ils ont bien mé-« rité de la patrie. »

Dans le même numéro du *Nouvelliste de Vervins*, un M. Lebrun, qui paraît ne pas savoir encore qu'il n'y aura pas d'élections pour une Constituante en octobre prochain, publie un article sage, honnête, plein de modération et de bons conseils aux électeurs, et dont le ton jurera singulièrement avec celui d'autres articles que les adeptes du socialisme publieront dans le même journal un peu plus tard.

La garde nationale de Vervins se réunira désormais trois fois la semaine, et pendant deux heures, pour se livrer à l'exercice et aux manœuvres.

Le bruit court dans tout le pays, à Vervins, à Hirson, à Saint-Quentin, à Cambrai, que Bazaine a rompu les lignes prussiennes, qu'il est en marche sur le Nord et que, sous deux jours, il sera à Avesnes « où on a reçu l'ordre de prépa-« rer des vivres en abondance. » Les faux bruits que la capitulation de Sedan avait brusquement interrompus vont s'abattre de plus belle sur le pays et ne cesseront plus qu'avec la guerre.

Ainsi, une dépêche d'origine française prétend qu'hier 25 deux régiments de cavalerie prussienne, l'un de lanciers, l'autre de cuirassiers de Bismark, auraient été complètement anéantis entre La Ferté-Milon et Château-Thierry. Aucun corps français n'a jamais opéré dans ces parages.

C'est en ce moment aussi qu'on met en circulation ce faux-bruit qui a nom *Le Pacte Rothschild*, et par lequel s'expliqueraient la modération et la bonne attitude des Prussiens aussitôt qu'ils eurent mis le pied dans le département de l'Aisne. Le roi Guillaume, installé à Ferrières, domaine de M. Rothschild, aurait sollicité de ce grand financier un emprunt que celui-ci, traitant de puissance à puissance, n'aurait accordé qu'à la condition expresse que tous les départements par lesquels passent les lignes de chemins de fer du Nord, qui est en très grande partie sa propriété, seraient scrupuleusement respectés et exemptés de toute occupation vexatoire.

Mardi 27. — Un *communiqué* du préfet républicain blâme énergiquement un article où le *Glaneur de Saint-Quentin* a publié « une appréciation inexacte des « réunions publiques tenues par les ou-« vriers. Ce n'est pas au moment où la « démocratie, comprimée depuis vingt « ans, renaît à la liberté, qu'il convient « d'en critiquer injustement les mœurs. « Le préfet de l'Aisne croit devoir, à titre « de réparation, rendre hommage au bon « sens, à la modération et au patriotisme « des ouvriers saint-quentinois. »

Les Prussiens se sont logés dans le cimetière de Mercin ; une sortie de la garnison de Soissons les en expulse. On croit apercevoir sur les hauteurs de Ste-Geneviève les embrasures de batteries qu'ils auraient commencé à établir pendant la nuit. M. Variéras, procureur au petit-séminaire, va relever, avec des internes, les blessés et les morts de la veille. Le soir, la place incendie le faubourg de Reims qui brûle toute la nuit. Le moulin, la fonderie, la maison des sœurs, la maison de M. Maxime Lemaire sont détruits. Des balles perdues tuent un jardinier du faubourg de Crise et blessent à mort un vieillard dans la cour de l'hôpital.

L'ennemi rétablit le pont de Missy-sur-Aisne.

Le bruit court avec persistance dans toute la contrée qu'une grande bataille a été gagnée sous Paris. On attend avec anxiété la confirmation de cette nouvelle.

Le *Glaneur* de Saint-Quentin met en garde le public contre ces bruits de succès ou de défaites qu'il accuse les Prussiens de répandre « pour jeter le doute « dans nos esprits. » Il ne faut avoir foi qu'aux nouvelles officielles. Si on l'avait cru, que de déceptions épargnées !

On ouvre à Vervins comme à Saint-Quentin un registre destiné à recevoir les signatures des citoyens qui protestent contre toute occupation étrangère et veulent rendre hommage à l'héroïsme de nos frères de l'Alsace et de la Lorraine.

Mercredi 28. — Nouvelle sortie de la garnison de Soissons. Rencontre à la gare et dans le faubourg de Reims. Huit blessés et cinq morts parmi les défenseurs de la place. Episode terrible ! La pauvre et toute jeune femme d'un fondeur du faubourg de Reims, Mme Aubert, serrant sur sa poitrine un enfant de quelques mois et entraînant par la main un petit garçon de dix ans, s'élance de sa maison qui flambe par tous les bouts. Eperdue, affolée, elle court au milieu des balles. Des mobiles lui crient de se coucher à terre, de raser le sol. Elle n'entend rien et fuit toujours. Elle tombe sur ses enfants. Une balle l'avait tuée sur place, auprès d'un clairon de mobiles frappé mortellement aussi, en sonnant la retraite.

Sur la route de Laon, on commence la démolition du hameau de Saint-Médard.

La nuit, un détachement de sapeurs du génie fait sauter le pont de Missy que les Prussiens avaient commencé à reconstruire.

Une compagnie de francs-tireurs destinée à concourir à la défense nationale dans toute l'étendue du département de l'Aisne, est en voie de formation à Saint-Quentin, sous le patronage du préfet. La commission municipale arrête que cinquante hommes de cette compagnie se

ront équipés et armés aux frais de la ville.

Dernier numéro du *Courrier de l'Aisne.* Censure, ennuis, menaces de poursuites, disparition. Il avait, depuis le dimanche 18, publié cinq numéros, et le *Journal de l'Aisne* quatre, dont le dernier est daté du mardi 27.

On ne reçoit plus à Laon que les journaux censurés de Reims, et par contrebande des journaux apportés furtivement par des voyageurs, par des conducteurs de diligences. On a, par intervalles et difficilement des journaux du Nord, de la Somme, de Saint-Quentin, quelquefois l'*Indépendance belge* que les Prussiens n'ont pas encore prise en grippe. On reçoit surtout des journaux de Vervins.

Le général Théremin, dont les blessures avaient paru entrer en bonne voie de guérison, est plus malade maintenant. Il était jusque là retenu prisonnier à l'Hôtel-Dieu où règne parmi les blessés la pourriture d'hôpital. Il est transporté à la Préfecture où, malgré des soins attentifs, incessants, son état s'aggrave, sous l'empire des préoccupations morales.

Jeudi 29. — Journée de calme à Soissons. On voit rentrer en ville et habillés en paysans cinq soldats français qui se sont évadés de Reims où ils avaient été enfermés comme prisonniers.

Une proclamation du préfet de Saint-Quentin se plaint de ce que, dans certaines communes, des maires cherchent à se continuer à la tête de l'administration au mépris du décret du 20 septembre qui a dissout les conseils municipaux et établi des commissions provisoires.

Décret de mobilisation de la garde nationale. C'est la levée en masse. Tous les citoyens de 21 à 40 ans, non mariés ou veufs sans enfants, sont mobilisables et mis à la disposition du ministre de la guerre.

La compagnie des francs-tireurs de l'Aisne s'organise à Saint-Quentin. Appel est fait par la voie des journaux à tous les anciens militaires et aux hommes de cœur. Pour être admis, il faut un certificat de bonnes vie et mœurs, *ou l'extrait du cahier judiciaire.*

Une lettre anonyme dénonce au *Glaneur* des Allemands qui habitent Saint-Quentin. Ce journal refuse de publier leurs noms.

La souscription patriotique en faveur des familles pauvres des défenseurs du pays s'élève à 11,868 fr. pour la seule liste du *Journal de Saint-Quentin.*

La commune de Savy décide qu'elle recevra les enrôlements pour la durée de la guerre et qu'elle équipera et armera à ses frais trois volontaires de la commune.

Vendredi 30. — Le bruit court à Laon, comme d'ailleurs dans toute la France au même moment, qu'une victoire complète a été remportée à Paris. Un voyageur qui arrive à Saint-Quentin, venant de Douai, y a vu apposée sur les murs la fameuse dépêche signée Gambetta et ainsi conçue : « Versailles repris. Armée « prussienne en déroute sur toute la li- « gne. État-major prisonnier. Nombreu- « ses pièces d'artillerie prises. Signé « Gambetta. » Le *Nouvelliste de Vervins* publie cette dépêche en supplément, avec cette autre qu'il dit être arrivée le matin de Landrecies à La Capelle : « Mont-Va- « lérien. 6,000 prisonniers ; 70,000 hors « de combat; 97 mitrailleuses prises. Bil- « let apporté par un pigeon à Armentières « (Nord). » Joie, enthousiasme. Tout à l'heure désillusion, chagrin plus profond, découragement plus amer.

Une dépêche prussienne de Reims (officielle) dit que les bataillons de la landwehr de Landsberg, de Francfort, de Waldenberg et le 13ᵉ corps, qui investissent Soissons, ont jusque là repoussé toutes les sorties de la garnison et ont perdu peu de monde. Une lettre publiée dans le *Glaneur de Saint-Quentin* par une personne arrivée hier de Soissons, portait cependant les pertes des Prussiens en tués et blessés « au moins à 2,500 hom- « mes, et les morts ont été enterrés dans « les fosses à betteraves. » La même lettre dit que de notre côté, il y a jusqu'à présent environ 250 hommes mis hors de combat.

Aujourd'hui, pas d'engagement sous les murs à Soissons. La place tire de temps à autre sur l'ennemi pour indiquer qu'elle est sur ses gardes. Un ordre du jour du colonel de Noüe, commandant de Soissons, cite avec éloges un certain nombre d'officiers, de sous-officiers et de soldats (ligne, mobiles, volontaires et gardes nationaux), qui se sont conduits avec bravoure dans la sortie du 28.

Après avoir fait sauter le viaduc de Blangy près Hirson, le génie militaire détruit le pont à l'entrée de la station d'Anor. Rupture des communications avec la Belgique.

Les cinq premières compagnies de mobiles du bataillon de Saint-Quentin quittent La Fère.

OCTOBRE.

Samedi 1ᵉʳ. — Création à Laon d'un service postal prussien. Il ne sera reçu que des lettres ouvertes. Les rapports en souffrent; il faut prendre les plus grandes précautions. Jusque-là on a pu, avec beaucoup de difficultés et de mystère, faire parvenir des lettres aux postes françaises qui fonctionnent encore dans les alentours, à Crécy, à Marle, à La Fère, à Chauny, à Crépy; des voyageurs s'en chargent aussi. Enfin, bien des complications et des lenteurs. Les premiers bureaux ouverts par l'administration prussienne qui a son siége à Reims, sont à Château-Thierry, Neufchâtel et Laon. La poste prussienne prend 10 c. pour une lettre de 15 gr., 25 c. quand elle dépasse 15 gr. jusqu'à 250 gr., poids maximum des lettres. Elle se charge même de faire des abonnements aux journaux.

Rien à Soissons. Pas de canonnade, pas même de fusillade.

Par une note aux journaux de Saint-Quentin, le préfet prévient les personnes qui lui adressent *journellement* des dénonciations anonymes qu'elles « perdent « leur temps, » et qu'il ne prendra jamais au sérieux les plaintes de ceux qui n'osent les signer de leur nom.

À Laon, première alerte de nuit: à sept heures du soir, on entend battre le tambour et sonner le clairon. La garnison court aux armes. Emotion de la population. La cause de cette bagarre est insignifiante, et la nuit se passe dans le calme.

Dimanche 2. — On apprend que Strasbourg a capitulé, qu'Orléans a été occupé après un court combat et qu'une armée prussienne est en marche sur Amiens par Creil et Clermont.

On parle à Laon d'un bataillon de la landwehr qui va remplacer la garnison jusque-là composée de troupes actives.

Une proclamation du préfet de La Forge rend publiquement hommage au dévouement, à la sollicitude et au zèle incessant que toute la cité de Saint-Quentin a déployé dans l'organisation et le service des ambulances, et dans les soins prodigués à nos pauvres soldats blessés.

Un comité républicain démocratique, formé en vue des élections plus ou moins prochaines à la Constituante, se forme à Saint-Quentin et appelle à une première séance les électeurs qui désigneront les délégués pour une assemblée générale.

Le syndicat saint-quentinois d'escompte et d'émission formé pour faciliter la circulation des billets, a déjà réuni des adhésions pour plus de onze cent mille francs, et la commission municipale souscrit pour 30,000 francs.

Le sous-préfet de Vervins, M. Edmond Delière, ancien rédacteur du *Glaneur de*

Saint-Quentin, se plaint vivement de recevoir de trop justes dénonciations contre les anciens militaires de 25 à 35 ans qui n'ont pas répondu à l'appel du ministre de la guerre, et contre les jeunes mobiles qui seraient également restés dans leurs foyers. Ce n'est pas au moment où la Patrie a besoin de tous ses enfants qu'un certain nombre d'entre eux doivent donner l'exemple du mépris du devoir. Il exhorte les membres des commissions municipales à ne négliger aucun moyen pour atteindre ceux qui essaieraient de se soustraire à leurs obligations envers la Patrie. Ainsi commence cet énergique mouvement d'impulsion qui partira des arrondissements de Saint Quentin et Vervins, du dernier surtout.

M. Delière recommande aussi à tous les maires de se tenir en communication directe et constante avec lui et de le mettre au courant de tous les faits qui doivent attirer son attention. Ils lui feront parvenir toutes les nouvelles de nature à satisfaire les légitimes préoccupations de l'opinion publique.

Invitation pressante aux héritiers et légataires qui ont un délai de six mois pour s'acquitter des droits de mutation, de devancer patriotiquement ce délai, dans des circonstances où le Trésor public a plus que jamais besoin d'être alimenté.

Le *Nouvelliste de Vervins* dément les succès annoncés par la dépêche soi-disant signée de Gambetta et publiée par lui en supplément hier. Il met en garde ses lecteurs contre d'éclatants faits d'armes qui, dit-il, ont été affichés à Reims, à Montcornet, à Fourmies. Cependant, ce journal édite encore, mais avec réserves, le bruit qui courait hier à Lille qu'on avait fait sauter des carrières près du Mont-Valérien et anéanti *cent mille* Prussiens. L'exagération, ajoute-t-il, « est assez notoire pour qu'on se méfie de la nouvelle. »

Il paraît, dans le même numéro du *Nouvelliste de Vervins*, un article signé Delaporte et précédé de ce titre en très-gros caractères: *Un pacte de famine.* M. Delaporte affirme que, depuis quinze jours, de nombreux convois de dix et même vingt charriots chargés de blés et de farines, se dirigent ouvertement vers Hirson et la Belgique. On ramasse aussi les pommes de terre en grand, et la hausse est considérable. Suivant l'auteur de l'article, « les misérables » qui se livrent à cette désastreuse spéculation sont les instruments de la Prusse. Pendant que l'ennemi s'empare de toutes les céréales dans les départements envahis pour les faire passer en Allemagne; les agioteurs ses

agents, « se faisant chez nous les instruments de cet épouvantable moyen d'anéantissement de tout un peuple, s'appliquent à enlever aux contrées encore à l'abri de l'invasion les denrées alimentaires nécessaires à la consommation des populations qui les habitent. » M. Delaporte affirme que la hausse importante et subite qui porte sur la farine et le blé a attiré l'attention de l'autorité départementale. On se demanda où allaient toutes ces denrées et pour le compte de qui opéraient tous ces accapareurs. Alors le mouvement se ralentit; mais une vive agitation règne à Origny-en-Thiérache dont les rues étaient encore parcourues et émotionnées par quelques expéditions de céréales, « et des hommes, véhémentement soupçonnés d'être l'âme de cette odieuse spéculation, *voient en ce moment la sécurité de leurs personnes et de leurs propriétés gravement compromise.* » Cette dénonciation va bientôt porter ses fruits.

Lundi 3. — Quelques habitants de Soissons qui s'approchent trop près du campement prussien de Crouy, sont faits prisonniers. La place tire sur un poste de cavaliers qui ont apparu devant ce village. Rien, d'ailleurs, d'important. Les lettres de Soissons constatent la mollesse de l'attaque jusqu'à présent.

Arrivée à Laon du bataillon de landwehr qui va y tenir garnison et de 400 dragons bleus de Mecklembourg venant de la direction de Soissons.

Derrière eux, les habitants de la ville remarquent avec peine un certain nombre de villageois français prisonniers et parmi lesquels on ne reconnaît pas sans stupéfaction un homme considérable et considéré du pays, M. Nachet, père, ancien représentant de l'Aisne à la Constituante, conseiller à la cour de cassation et propriétaire du château de Mailly (commune de Laval.) On apprend que des francs-tireurs de la compagnie des chasseurs francs-picards d'Amiens commandés par le capitaine de Lassus, avaient quitté, depuis quelques jours, La Fère pour éclairer Laon, et se trouvaient à Cessières où ils apprirent que les Prussiens avaient requis des voitures à Chivy, Etouvelles, Chavignon et Urcel. Ils gagnent les bois de Mailly qu'avait déjà dépassé une première colonne de hussards. Une autre colonne allait arriver sur une petite éminence derrière les buissons de laquelle étaient postés les francs-tireurs qui firent feu et blessèrent un officier, après quoi ils s'enfuirent sur les hauteurs qui conduisent à Monampteuil. Les fantassins venus de Laon, qui escortaient les voitures de réquisitions, battent les bois d'Urcel et de Mailly sans résultat ; mais ils mettent la main sur d'inoffensifs cantonniers qui travaillent sur la route et sur des ouvriers qu'ils trouvent dans les champs. Au château de Mailly, ils s'emparent de M. Nachet malgré ses protestations d'innocence, et l'emmènent à Laon à pied malgré son grand âge et en le forçant à ocups de plat de sabre, à hâter le pas quand il est fatigué. Les prisonniers qui payaient de leur liberté et tout à l'heure peut-être de leur vie le *noble* exploit des francs-tireurs de la Somme, étaient au nombre de onze. Un rapport du commandant de Lassus au général commandant à Amiens, affirme à tort que les francs-tireurs ont tué un capitaine des dragons bleus et blessé deux autres officiers. Ce rapport, daté du 18 octobre, dit avec une désinvolture tout-à-fait caractéristique : « La battue dans les bois d'Urcel et de » Mailly *n'a eu d'autre résultat que l'ar-* » *restation de onze habitants de Mailly* » *garottés et conduits à la citadelle de* » *Laon.* » M. de Lassus trouve sans doute cette arrestation toute naturelle et complètement en situation. Les populations inoffensives, compromises par le fait de francs-tireurs cachés sous des buissons et qui fuient sans courir de risques, sont autorisées à penser que ce n'est pas là la guerre loyale et qu'elles ont le droit de maudire ceux qui se débarrassent si lestement sur elles d'une responsabilité terrible et inique.

M. Nachet et ses compagnons de captivité sont enfermés au poste de la mairie de Laon. Sur les instances de M. Vinchon, maire, M. Nachet est autorisé à se constituer prisonnier dans le cabinet du maire où il passe la nuit. Réunion du conseil de guerre qui va juger les prisonniers.

La situation du général Théremin, détenu à la Préfecture, s'aggrave. On dit qu'il n'y a plus d'espoir de le sauver, et qu'il ne lui reste que peu d'instants à vivre.

Un convoi de vivres pour l'approvisionnement de Soissons est signalé sur la route de Laon. Sortie brillante de la garnison qui s'empare de Crouy, en déloge l'ennemi et ramène le convoi composé de douze chariots. Pendant le combat, fuite des trois Soissonnais faits prisonniers hier dimanche à Crouy et qui rentrent sains et saufs en ville. Perte : deux morts du 15e de ligne, et trois ou quatre soldats du même régiment blessés. On continue la démolition du hameau de Saint-Médard. Les bâtiments de l'ancienne abbaye, occupés par les sourds-muets,

sont seuls conservés comme poste militaire.

Un volontaire de la garde nationale, M. Leriche, a succombé, la veille, aux blessures qu'il a reçues en combattant vaillamment au faubourg de Reims. La population entière est à ses obsèques.

Mardi 4. — A Laon, le conseil de guerre, appelé à statuer sur le sort des prisonniers de Mailly, tient une nouvelle séance. Pendant qu'on interroge les prisonniers, la population encombre la place, attendant avec anxiété l'issue de cette regrettable affaire. On rapporte que, la nuit, on aurait annoncé à un jeune homme de Laval que son sort est fixé, qu'il sera fusillé, et qu'il s'est confessé pour se bien préparer à la mort. Les prisonniers sont conduits à la Préfecture. L'angoisse est générale. Enfin, tous sont acquittés. Ils resteront en prison jusqu'à ce que le gouverneur-général de Reims ait ratifié la décision du conseil de guerre. Dernière conséquence de l'attaque des francs-tireurs : on dit que, quoique l'innocence des personnes arrêtées ait été reconnue, il a été, à titre de représailles, prononcé une amende de 15,000 fr. ainsi répartie : 3,000 à payer par M. Nachet sur les propriétés duquel l'attaque contre les cavaliers mecklembourgeois a eu lieu ; 4,000 par la commune d'Etouvelles, et 8,000 par celle d'Urcel, desquelles cependant les bois de Mailly ne dépendent pas, car ils sont situés sur le terroir de Laval.

Mort du général Théremin.

Le colonel de Kahlden, commandant du 1er régiment de dragons de Mecklembourg arrivé hier de Soissons et fusillé à Mailly, prend le commandement de la place de Laon en remplacement du major Fricht. La lettre par laquelle il en informe le maire « prouve le désir que les habitants « de Laon témoignent aux troupes alle- « mandes un accueil affable et prévenant » et elle affirme « par contre qu'elles n'exer- « ceront rien qui ne soit strictement né- « cessaire à leur entretien et qu'elles s'ef- « forceront d'être en rapport amical. »

Une diligence faisait, depuis un mois, le service de Laon à Tergnier, par Saint-Quentin et Amiens. Comme elle apporte quotidiennement des journaux des contrées non envahies, les Prussiens en interdisent le service.

Les émigrés rentrent à Laon dont le calme les surprend.

Distribution, le soir, à la landwher réunie sur la place, de sabres de toutes provenances et de toutes formes trouvés à la citadelle.

Le bataillon du 26e, commandant Fricht,

quitte Laon pour se rendre à Vailly. Il trouve le pont sur l'Aisne détruit en partie. La commission municipale est faite prisonnière et condamnée à une amende de 20,000 fr. et à faire remettre le pont en état de service.

On parle vaguement à Laon de la possibilité d'une démonstration prochaine sur Saint-Quentin. On dit que des officiers de la garnison s'en sont entretenus entre eux et que le nom de Saint-Quentin a été prononcé plusieurs fois.

Dans la journée, apposition à Laon et dans toutes les communes environnantes de la fameuse proclamation du colonel de Kahlden sur les faits d'hostilité commis par les habitants du pays contre les troupes prussiennes. « Pour chaque soldat « allemand tué, il sera par contre fusillé « *quatre Français coupables ou innocents*, « et les environs paieront une forte ré- « quisition. » La même proclamation ordonne un complément de la mesure du désarmement et défend l'introduction dans le pays de tous journaux politiques, à l'exception de ceux de Reims.

Tout est au calme autour de Soissons. Des lanciers blancs occupent la ferme historique de la Perrière au-dessus de Crouy, et la place leur envoie quelques boulets qui n'arrivent pas jusqu'à eux.

Mercredi 5. — Absolument rien à Soissons. A peine aperçoit-on quelques védettes à cheval sur la montagne de La Perrière.

Dans les environs de Vervins, les dénonciations de M. Delaporte, de la Bouteille, engendrent leurs premières conséquences. L'agitation redouble dans le pays. Les marchands de grains, les grands fariniers courent des dangers. Ils protestent. M. Lanez, meunier à Origny, est accusé d'envoyer ses blés et farines à Reims, c'est-à-dire en pays conquis par l'ennemi. Deux délégués des habitants et des ouvriers de la commune, parlant aussi au nom des villages voisins inquiets de ces transports, se présentent chez M. Lanez, exigeant des renseignements sur la destination des quantités considérables de blés et de farines qu'il a expédiés au dehors depuis quinze jours. Ils veulent savoir et ils sauront si ces approvisionnements ne sont pas destinés à l'ennemi. M. Lanez affirme en vain que ses envois avaient pour destination les places de Mézières et de Charleville dont il a entrepris en partie le ravitaillement. On n'ajoute pas foi à ses affirmations. On exige des preuves, et il les demande en toute hâte à son correspondant de Charleville. Ces pièces, écrit-il, lui sont nécessaires « pour mettre et

« son usine et sa personne à l'abri de « toute violence. » Le maire de Charleville, le sous-intendant et l'officier comptable des subsistances de Mézières les lui envoient, sur l'heure, et M. Lanez les dépose à la mairie d'Hirson en exigeant leur insertion dans le *Nouvelliste* où l'inspecteur des douanes d'Hirson déclare aussi la fausseté des faits dénoncés par M. Delaporte. Il n'est pas sorti de blés pour la Belgique, mais des voitures de vins de Champagne expédiés de Reims pour être mis en lieu de sûreté à l'étranger. D'ailleurs, la douane fait bonne garde et arrêterait les céréales à sortie.

Néanmoins, le préfet expédie à tous les présidents de commissions municipales, injonction d'exiger des lettres de voitures des conducteurs de chariots chargés de céréales. Tous ceux qui ne seront pas munis de cette pièce en règle seront tenus pour suspects et arrêtés.

On commence à s'effrayer à St-Quentin et à annoncer une attaque comme prochaine. On dit partout que la gare va être évacuée. Les journaux démentent ce bruit: on n'évacue ni marchandises, ni matériel.

On apprend que la partie non encore envahie des départements de l'Oise et de l'Aisne, les départements du Nord, du Pas-de-Calais et de la Somme, sont placés sous la direction d'un gouverneur-général qui a tous les pouvoirs du gouvernement de la défense nationale. Il représenterait, dit-on, le gouvernement central de Paris au même titre que la délégation de Tours pour le Midi. On désigne M. Testelin, avant-dernier préfet du Nord, pour ce poste important.

Proclamation en allemand et en français ordonnant aux troupes prussiennes de n'entraver en aucune façon la récolte de la betterave et la fabrication du sucre. Toute réquisition directe de sucre dans les fabriques est sévèrement interdite, ainsi que l'entrée illicite dans les champs de betteraves. Circulaire adressée à ce sujet à tous les fabricants de sucre. La question des droits à percevoir est réservée.

Le *Mystère de Reims*, *une Mort mystérieuse*, *Le drapeau noir au quartier prussien de Reims*, *Les huit cadavres*, *Les morts mystérieux*, *Les trois cercueils*, tels sont les titres variés et à effets donnés à peu près à ce moment et à peu près par toute la presse française, au faux bruit de la mort de trois grands personnages allemands qu'une soi-disant lettre de Laon selon ceux-ci, une lettre de Liesse selon ceux-là, une lettre de La Fère dit un troisième, une lettre de Vic-sur-Aisne affirme un quatrième, fait tuer aux environs de

Reims et passer dans cette ville à la fin de septembre. Dans la forêt de Villers-Cotterêts, des francs-tireurs ont arrêté et fusillé une voiture où se trouvaient le roi Guillaume, Bismark et d'autres personnages considérables, si considérables que toute la troupe a pris le deuil pour leur décès. La *Gazette de Cambrai* assure qu'un voyageur de Saint-Quentin a touché, à Reims, la voiture trouée par soixante balles. Suivant les uns, il y a trois morts, M. de Bismark, M. de Moltke et le roi. A en croire certains, il n'y en a qu'un, le roi, ou M. de Bismark, ou le ministre de la guerre, ou le prince de Reuss, ou le duc de Nassau, ou le prince Adalbert de Bavière, ou le prince héritier de Prusse qu'on a déjà tué dix fois, autant de journaux, autant de versions. Un gazetier inventif croit que dans ces trois cercueils, drapés de deuil, il n'y avait pas de cadavres, mais des trésors que les Prussiens emportent chez eux avec ce funèbre appareil qui défie toute attaque de francs-tireurs. Si au lieu de s'en aller vers la frontière, ces trois cercueils remontaient vers Paris, il se fut trouvé sans nul doute un journal pour affirmer que c'était un triple exemplaire du cheval de Troie.

Jeudi 6. — Funérailles du général Thérémin à Bruyères. Les autorités prussiennes de Laon ont offert avec insistance de rendre les honneurs militaires, ce qui a été refusé par la famille. M. le colonel Petit prononce un discours sur la tombe.

Une dépêche de Saint-Quentin, reproduite par toute la presse française, prétend qu'à Soissons « deux régiments du duc « de Mecklembourg ont été mis en dé- « route par la garnison », ces jours derniers. (Faux bruits.)

Le colonel commandant de Soissons invite les personnes étrangères à la ville, ainsi que les habitants qui n'auraient pas assuré leur approvisionnement, à sortir de la place dans les vingt-quatre heures, ou, après ce délai, il sera procédé à leur expulsion. Appel par la commission municipale à la générosité des habitants en faveur de ceux des mobiles qui manquent de chaussures et de chemises. Sortie de la garnison. Elle ne rencontre pas d'ennemis.

Jusque-là, les réquisitions ont été faites dans les villages des environs de Laon par des détachements de la garnison. A partir de ce jour, c'est la mairie de Laon qui est forcée de se substituer à eux et centralisera toutes les réquisitions, « afin « dit l'arrêté, d'éviter aux habitants des « environs, autant qu'il est possible, le « désagrément d'être requis directement « par les soldats prussiens, et en même « temps de leur faire obtenir une garan- « tie plus certaine pour le paiement de « leurs fournitures. »

Vendredi 7. — Le gouvernement fixe au 16 octobre les élections de la Constituante.

Publication de l'arrêté préfectoral qui ordonne de former sans délai, dans toutes les communes du département, la liste des citoyens appelés à faire partie des corps mobilisés de la garde nationale. Cette liste comprend tous les hommes de 25 à 40 ans ; les jeunes gens de la classe 1870 non encore appelés sous les drapeaux : les soldats de l'armée active, les jeunes soldats et gardes mobiles maintenus dans leurs foyers à titre de soutien de famille.—Les diverses situations prévues par les lois de recrutement, telles que celles de fils de femmes veuves, de septuagénaire, aîné d'orphelins, frère de militaire, etc., etc., ne dispenseront pas du service de la garde mobilisée. — La liste comprendra tous les individus résidant dans la commune à un titre quelconque. — Un conseil de révision aura lieu, le samedi 8, au chef-lieu de chaque arrondissement non envahi, et à La Fère pour l'arrondissement de Laon. — Les élections d'officiers se feront le dimanche 9 octobre. — Les commissions municipales effectueront immédiatement le remaniement des compagnies de garde nationale sédentaire qui procéderont, le dimanche 16, à l'élection de leurs officiers.

Les journaux de Vervins, de Saint-Quentin et du Nord annoncent, sans citer leur source, qu'un maréchal des environs de La Fère vient d'être fusillé pour avoir donné des indications aux Prussiens. (?)

Une dépêche de Bruxelles du 7 dit que les nouvelles du quartier-général devant Paris présentent la reddition de Soissons comme prochaine ; cependant, de cette ville on ne signale encore rien de bien sérieux. La Perrière est occupée par une nombreuse infanterie. Un paysan dit qu'il vient d'y voir des officiers, déployant une grande carte, étudier les fortifications de la ville. On envoie des boulets partout où l'on signale l'ennemi, à Vauxbuin, à la Chaudière, sur la route de Compiègne. L'ennemi n'a pas encore démasqué de batteries. Cependant, voilà bientôt un mois que la ville est investie.

Installation du baron de Landsberg comme préfet de l'Aisne. Dans sa proclamation, il déclare qu'il regarde comme un de ses premiers devoirs de rétablir l'ordre dans le département, ainsi que de lui rendre les charges inévitables de la guerre aussi supportables que possible. Pour cela, il fait appel à la confiance des habitants et il espère qu'ils la lui témoigneront en toute occasion.

Une circulaire du préfet allemand aux maires du département fait appel à leur concours et à celui des habitants « dont « l'attitude franche et loyale épargnera, « il l'espère, à l'administration toute mesure fâcheuse. »

Les murailles de Laon disparaissent sous les placards et proclamations des diverses autorités allemandes : 1° le grandduc de Mecklembourg, commandant du 13e corps d'armée, est nommé gouverneur général des départements envahis qui ne font pas partie des gouvernements de Lorraine et d'Alsace ; — 2° proclamation annonçant la nomination du prince Charles de Hohenlohe et du comte Charles de Tauffkirchen, en qualité de commissaires civils près le gouvernement général de Reims dont le département de l'Aisne fait partie ; — 3° édit du duc de Mecklembourg réglant la position des prisonniers de guerre et des non-belligérants ; — 4° édit du même sur les caisses publiques défendant, sous peine de poursuites militaires, aux percepteurs et receveurs de contributions, aux administrateurs des caisses de l'Etat français et autres caisses publiques, etc., de recevoir les deniers revenant à l'Etat, comme aux habitants du territoire du gouvernement général de Reims, de payer aux caisses publiques françaises des sommes quelconques et sous quelque prétexte que ce soit ; — 5° l'édit royal du 13 août 1870 abolissant la conscription ; — 6° un décret du duc de Mecklembourg, sur le désarmement, etc.

M. Nachet reçoit la liberté.

Enterrement solennel d'un officier prussien à Laon.

Une colonne prussienne composée d'un escadron de dragons et de deux compagnies de landwehr, est partie le matin de Laon dans la direction de Crécy. On lui attribue la ville de Saint-Quentin comme destination. Le soir elle est signalée dans les environs de La Ferté-Chevresis et de Ribemont. Des avis arrivent à Saint-Quentin. La commission municipale se constitue en permanence. Toutes les compagnies de la garde nationale, les sapeurs-pompiers, les francs-tireurs, un certain nombre de volontaires sont à leurs postes respectifs. On fait les derniers préparatifs. On passe la nuit sur le qui-vive !

Un instant, on a cru que l'ennemi semblait renoncer à sa marche sur Saint-Quentin et qu'il se dirigeait vers Soissons. C'est une erreur du correspondant de Tours mal renseigné par une dépêche reçue de Saint-Quentin dans la soirée.

Samedi 8. — Pendant la nuit, l'ennemi qui occupe La Perrière a construit des ouvrages en terre. Evidemment, ce sont des batteries. Le soir, on ne peut plus en douter : du haut de la Perrière, on canonne le village de Crouy.

Les prisonniers d'Urcel sont rendus à la liberté, après paiement de l'amende imposée à M. Nachet et aux communes.

Les employés de la Préfecture sont forcés par une réquisition de se mettre à la disposition du préfet prussien.

Par un courrier de Ribemont, on apprend à St-Quentin, de grand matin, que l'ennemi approche. Le tocsin sonne. Tout le monde est à son poste. Vers dix heures, les Prussiens se présentent au Petit-Neuville. Une dépêche du préfet de La Forge au gouvernement de Tours dit qu'ils étaient au nombre de 800, infanterie, non cavalerie. Une dépêche de Ham porte ce nombre à 1,200, chiffre adopté par une seconde dépêche du préfet de 10 heures du soir. La vérité est que deux compagnies de landwehr et un escadron de dragons escortant des charriots, c'est-à-dire environ 350 fantassins et 300 cavaliers (ceuxci n'ont point pris part au combat), ont quitté Laon pour aller attaquer Saint-Quentin.

Quoi qu'il en soit, les Prussiens abordent la première barricade qui ferme la route de La Fère, en haut du faubourg d'Isle. Les quelques hommes qui la défendent sont obligés de se replier sur la grande barricade du canal où le combat s'engage sérieusement. Le préfet Anatole de La Forge qui, ce jour-là, montre une véritable décision et un grand courage, est là en uniforme de simple garde national, un révolver dans une main, de l'autre tenant un sabre, du geste et de la voix animant tout le monde. Les Prussiens s'étaient retranchés dans la gare d'où ils faisaient pleuvoir une grêle de balles sur la barricade, mais recevant plus de mal qu'ils n'en faisaient euxmêmes. Pendant plus d'une heure que la fusillade dura avec une grande vivacité, tous firent vaillamment leur devoir, gardes nationaux, sapeurs-pompiers, francs-tireurs, volontaires de la ville, et aussi gardes nationaux de quelques communes des environs, accourus au secours de leurs frères de la ville.

S'il faut en croire le *Guetteur* de Saint-Quentin, du 9 octobre, la commission municipale qui siégeait en permanence à l'Hôtel de-Ville, en voyant l'intensité de la lutte, le risque que courait le faubourg d'Isle d'être incendié, « et vivement émue « de cette situation, dut faire part de ses « impressions au préfet. » Un article de la *Gazette de Cambrai* semble confirmer ce fait et le complète ainsi : « Le conseil « municipal avait adopté une résolution « disant que la garde nationale avait bravement fait son devoir, mais qu'elle ne « pouvait continuer la lutte, sans exposer « la ville à de cruelles représailles ; qu'il « y avait lieu, en conséquence, d'entrer « en négociations avec l'ennemi. Cette « délibération fut apportée derrière la « barricade au préfet qui refusa de l'accepter, disant qu'il n'était que simple « garde national et qu'il ne lui appartenait « pas de donner des ordres à ses camarades. »

En ce moment, d'après le *Guetteur*, le combat cessait. Les Prussiens se retiraient par la route de Marle et dans la direction du Mesnil-Saint-Laurent, laissant six prisonniers entre les mains des courageux défenseurs de Saint-Quentin, et emportant leurs morts et les blessés qui, d'après les estimations les plus sérieuses, devaient se porter de trente à quarante hommes atteints. Du côté des Français, trois hommes tués et une douzaine de blessés, l'un mortellement. M. Anatole de La Forge avait été légèrement atteint à la jambe. Une des victimes, ouvrier modeleur, était père de onze enfants.

On bat les bois et marais, croyant que les Prussiens s'y sont cachés en attendant l'occasion favorable de renouveler l'attaque. Ils ont disparu. Par une pluie torrentielle, le soir, alerte. Le tocsin appelle aux armes. Dans le bout de la rue d'Isle, un habitant, qui passe à cheval, répond d'une façon inintelligible à la sentinelle, et part au galop. Plusieurs coups de fusils sont dirigés sur lui, et une balle le jette mort sur la première barricade de la rue d'Isle. Vers dix heures du soir, seconde alerte provoquée par une vive fusillade au pont d'Isle. La nuit se passe sans nouvelles inquiétudes. Les francs-tireurs font des rondes de nuit. Les routes sont bien gardées.

On apprend, le soir, que le nombre des prisonniers faits par les Prussiens dans les environs, a été de quatre, dont l'un a pu s'échapper, qu'un habitant de Vendeuil, un autre de Neuville et un inconnu ont été tués pendant le combat.

Dès le matin, l'instituteur du Petit-Neuville avait été réquis, sous peine de mesures militaires, d'apposer des affiches annonçant, par ordre du préfet prussien de Laon, que la commune appartenait désormais à l'ennemi. Celui-ci, en se retirant, affichait dans tous les villages l'ordonnance du duc de Mecklembourg défendant d'entraver la récolte des betteraves et la fabrication du sucre.

Dimanche 9. — Rentrée à Laon de la colonne prussienne, revenant de Saint-Quentin avec plusieurs prisonniers.

Jusque-là, le Tribunal de Laon a rendu la justice au nom du peuple français, selon la formule exécutoire décrétée le 6 septembre par le gouvernement de la défense nationale. M. Combier, président, et M. le procureur impérial sont invités à se présenter devant M. de Landsberg, préfet prussien, qui leur demande si le tribunal consentirait à continuer ses fonctions en rendant la justice au nom de l'Empereur, son gouvernement ne reconnaissant pas la République. Sur le refus de M. le président, M. de Landsberg demande s'il ne serait pas possible de rendre la justice au nom de la loi. Les deux magistrats répondent qu'il ne leur est pas possible de substituer une formule à celle déclarée exécutoire pour toute la France. Le préfet annonce qu'il en référera à son gouvernement. En attendant sa réponse, il prie le tribunal de Laon de rendre la justice comme il l'avait fait depuis le 7 septembre.

Le bombardement de Soissons ne peut plus tarder. Les batteries de Sainte-Geneviève sont démasquées.

Une dépêche du gouvernement au préfet de Saint-Quentin lui apprend que le département de l'Aisne aura à nommer, le 16 novembre, onze députés au scrutin de liste et au chef-lieu de canton autant que possible. Les votes des communes *non-empêchées* compteront pour le département entier.

Réunion des délégués cantonaux convoqués dans la salle Saint-Prix par le comité démocratique de St-Quentin. L'appel des cantons produit des résultats nuls ou très-incomplets pour les arrondissements occupés de Soissons, de Château-Thierry et de Laon. Vérification de pouvoirs. On dresse par ordre d'arrondissements, une liste de candidats composée de vingt-et-un noms. Les candidats présents sont entendus.

Tout-à-coup, un délégué apporte une dépêche annonçant que de nouveau les élections sont ajournées par un décret du gouvernement de Tours ; une lettre qui arrive à l'instant, l'affirme. L'assemblée n'en décide pas moins qu'elle profitera de la présence des délégués pour établir, à tout événement, une liste de candidats. Elle est dressée par 60 votants. Elle est ainsi composée : MM. Malézieux et Henri Martin, chacun 60 voix ; Jules Favre et Godin-Lemaire, chacun 59 ; Anatole de La Forge, 53 ; Villain, 43 ; Chazerai, 37 ; Soye, 36 ; Fouquet, 30 ; Duport, 26 ; Barillon, 24.

On apprend avec enthousiasme à Vervins que Saint-Quentin a repoussé les Prussiens.

Toujours la suite de l'incident Delaporte. Les habitants de Thenailles arrêtent une voiture de blé qu'on suppose destiné aux Prussiens et qui, en réalité, ne va qu'à Leuze. L'autorité judiciaire a soigneusement examiné les livres et registres de commerce de MM. Lanez, meunier, et Pierrotin, négociant à Origny-en-Thiérache, et n'y a rien trouvé de suspect. M. T. Mara, commerçant en blé à la Vallée-aux-Blés, adresse au préfet et publie dans les journaux de Vervins une protestation énergique contre l'article le *Pacte de famine*.

Blocus alimentaire des pays envahis. Un arrêté du sous-préfet d'Avesnes, dans le but d'empêcher le ravitaillement des armées prussiennes, prohibe la sortie de toute denrée alimentaire et de toute marchandise de consommation usuelle, charbons, pétrole, tabac, etc., de l'arrondissement d'Avesnes sur celui de Vervins, si ce n'est en vertu d'une autorisation spéciale donnée par le sous-préfet d'Avesnes sous la responsabilité des communes où la marchandise doit être importée. La circulation de ces marchandises dans la zone-frontière de l'arrondissement de Vervins ne pourra avoir lieu qu'avec des sauf-conduits.

Le *Glaneur* annonce qu'il est déjà arrivé à Saint-Quentin des soldats de l'armée du nord dont les uniformes ont rempli la ville de joie. Par patriotisme il s'abstiendra de tout commentaire ; mais il espère donner bientôt de bonnes nouvelles de cette armée.

Lundi 10. — Mort de Mme Bonnemain, sœur de M. Arsène Houssaye, directeur de l'*Artiste*, et de M. Ed. Houssaye, propriétaire du *Courrier de l'Aisne*. Mme Bonnemain habitait Bruyères près Laon. Retirée, depuis l'envahissement du département de l'Aisne, à Benodet, petit port du Finistère, avec la famille de M. Lévainville, ex-préfet de Quimper, Mme Bonnemain était allée visiter les rochers de Pen-March, l'une des curiosités les plus célèbres de la côte de Bretagne. Elle était assise sur une table de rocher qu'une vague énorme envahit tout à coup. Avec elle périssaient à la fois Mme Levainville, sa jeune fille, sa nièce et son neveu.

Une batterie d'artillerie, en garnison à Lille, quitte cette ville pour se rendre à Saint-Quentin. D'autres forces françaises se dirigent vers cette ville.

D'après l'*Echo du Nord*, des bruits alarmants et contradictoires circulent au sujet de Saint-Quentin et des événements qui s'y passent. Le chef-lieu provisoire du département de l'Aisne serait en flammes et le tocsin sonnerait dans tout le pays. En effet, des paysans revenant de Marle à Saint-Quentin, ont bien annoncé le retour de l'ennemi. A les entendre, c'est un corps composé de troupes venues à la fois de Soissons, de Reims et de Laon. Rien d'inquiétant, d'ailleurs, n'a été signalé.

Plus tard il arrive sans cesse de nouvelles troupes. Les travaux de défense se poursuivent. On n'entend plus parler de l'ennemi. Reviendra-t-il ? On l'attend de pied ferme.

On prépare un service solennel pour demain mardi, en l'honneur des victimes du 8. Le cortége partira de l'hôtel-de-ville. La cérémonie religieuse aura lieu dans la collégiale avec tous les honneurs militaires.

Réception de la dépêche par laquelle le gouvernement de Tours félicite la ville de Saint-Quentin et la remercie d'avoir donné un grand exemple aux villes ouvertes.

Le général Desaint arrive de Lille à St-Quentin.

On expédie les prisonniers prussiens sur Lille et ils arrivent à Cambrai.

Publication, à Reims, du premier numéro d'une feuille périodique et officielle destinée à porter à la connaissance des autorités et du public les décrets, ordonnances, édits et arrêtés du gouvernement siégeant à Reims. Cette feuille dont la publication et la mise en vente doivent se faire au fur et à mesure des besoins du service, porte le nom de *Moniteur officiel du gouvernement général de Reims*. Toutes les autorités et administrations municipales sont tenues à s'y abonner. Pour l'impression, on s'adresse à plusieurs établissements typographiques de Reims. Refus. Enfin, on met en réquisition l'imprimerie de M. Lagarde, par ordre exprès du prince de Hohenlohe. Les ouvriers seront contraints par la force, si besoin est. Comme protestation, au bas de chaque numéro, on lit : « Imprimerie (mise en « réquisition) de Lagarde à Reims. »

Mardi 11. — Descente, dans les environs de Montdidier, du ballon qui a emporté M. Gambetta de Paris.

Arrive, à St-Quentin et à Vervins, le décret du gouvernement de Paris du 1er octobre et ajournant les élections générales au moment où elles pourront se faire sur toute l'étendue de la République, attendu que la résolution nouvelle prise par le décret de la délégation de Tours sur les élections est en opposition avec le décret rendu, après l'entrevue de Ferrières, par le gouvernement central, et que les élections seront impossibles dans vingt-cinq départements et nécessairement incomplètes dans plusieurs autres.

Obsèques solennelles de deux des victimes de la journée du 8 à Saint-Quentin. Au cimetière, discours par MM. de La Forge, préfet, Testelin, commissaire général de la défense dans le Nord, Malézieux, président de la commission municipale, Huet-Jacquemin, ancien maire et président de la Société de secours mutuels, Langlet, libraire, au nom de la 3ᵉ compagnie de la garde nationale à laquelle appartenait l'un des défunts.

On reçoit l'*Observateur* d'Avesnes qui contient de chaleureux compliments à l'adresse des habitants de Saint-Quentin et du préfet.

Des officiers du génie de Cambrai, 550 mobiles avec deux wagons de munitions, arrivent de Cambrai à Saint-Quentin.

Dépêche de M. Anatole de La Forge annonçant à Lille que les Prussiens se promettent une revanche; qu'à Laon ils affirment qu'ils veulent à tout prix prendre Saint-Quentin et le préfet français, et que l'avant-garde est déjà signalée, s'avançant sur Saint-Quentin.

Il arrive toujours des troupes dans cette ville. On dit qu'elles se montent à près de dix mille hommes. Une dépêche de Saint-Quentin au *Propagateur* de Lille dit que l'on attend l'ennemi jeudi, c'est-à-dire dans deux jours.

A Laon, on entend le canon dans la direction de Soissons. Les officiers et les soldats de la garnison disent que le bombardement de cette ville doit commencer demain.

Mercredi 12. — Emotion à Saint-Quentin. Des paysans accourent, assurant que l'ennemi apparaît déjà dans le canton de Ribemont. Une dépêche du sous-préfet d'Avesnes à celui de Vervins annonce comme positif que les Prussiens, au nombre de 8,000 hommes et munis d'artillerie, sont déjà à Sery-lès-Mézières. C'est un faux bruit.

Arrêté du préfet de La Forge qui, vu l'état de siége, ordonne la fermeture des cafés, cercles, établissements publics, à neuf heures du soir, et la clôture définitive de tout cabaret où un homme ivre aurait été trouvé; défense absolue de stationner dans les rues et d'y former des groupes; ordre d'approvisionner tous les magasins de denrées alimentaires; enfin, défense expresse de circuler en armes, à moins d'appartenir à l'armée, à la garde nationale ou aux francs-tireurs.

Protestation de M. Pierrotin, négociant à Origny, contre les accusations de l'article : *Le Pacte de famine*. Par la voie des journaux de Vervins, il offre 4,000 fr. à celui qui lui prouvera qu'il a acheté, transporté, vendu, autre part que dans son établissement, des denrées alimentaires.

Le parquet de Vervins, par une communication aux journaux, rappelle aux populations les prescriptions du décret du 28 août prohibant l'exportation des denrées alimentaires. Des instructions judiciaires sont ouvertes contre toutes les entreprises frauduleuses. Des précautions secrètes sont prises pour réprimer les abus, et les denrées alimentaires ne circuleront plus qu'après vérification et avec sauf-conduits des commissions municipales et des autorités supérieures.

Le bombardement de Soissons commence à six heures du matin. La première salve dure environ deux heures pendant lesquelles près de 1,200 projectiles sont lancés sur la ville. Quoique surpris par la rapidité de ce tir, les artilleurs de la mobile du Nord répondent par un feu bien nourri. Le commandant de la place, colonel de Noüe, le commandant d'artillerie, M. Roques-Salvaza, sont là, rectifiant le tir et pointant eux-mêmes les canons sur la muraille. Le feu recommence à midi de part et d'autre et ne cesse pas de la nuit. La ville est déjà bien éprouvée. Les cheminées tombent, les maisons s'écroulent. On compte déjà plusieurs victimes parmi la garnison et la population civile. Beaucoup de familles se réfugient dans les caves. La batterie de la ferme de la Perrière n'a pu envoyer ses projectiles dans la ville. Elle s'est tue. Le mal est surtout venu du feu partant des hauteurs de Sainte-Geneviève et de Vauxbuin. On remarque l'excellente attitude des trois batteries de mobiles du Nord qui tiennent garnison à Soissons depuis le 20 août.

Ce jour-là, 12 octobre, huit morts, dont deux femmes, un artilleur de la ligne et cinq mobiles fantassins ou artilleurs.

Le département est averti qu'il est, comme tous ceux qui sont occupés par l'ennemi, frappé par une contribution d'un million « affectée à compenser, dans « une certaine mesure, les pertes que la « propriété allemande a subies par les « vaisseaux de guerre français et par « l'expulsion des Allemands de la « France. »

Les débits de tabac ont été vidés par l'autorité prussienne; elle donne aux débitants à la fois l'ordre de fermer leurs magasins et un récépissé en règle pour servir ce que de droit. La vente du tabac est libre. On en crie ouvertement dans tous les villages. Les Prussiens s'emparent à Laon de tout ce qu'ils trouvent chez l'entreposeur.

Un avis du commandant de la place de Laon régularise le service de la poste de la ville. Les lettres pourront être cachetées et affranchies. Celles qui sont destinées aux départements envahis seront confiées par la mairie de Laon à la poste prussienne. Celles destinées aux autres départements seront confiées à la poste française qui les fera parvenir suivant les possibilités de la circulation.

Un autre arrêté du commandant de la place de Laon règle les vivres à fournir aux soldats logés chez l'habitant. C'est surtout pour les villes que les charges du logement sont ruineuses ; elles pèsent à peu près exclusivement sur elles, ainsi que la douleur morale de la présence incessante de l'ennemi vainqueur.

Jeudi 13. — Les maires du canton se réunissent à Laon pour s'occuper de la question de la contribution du million et du mode de perception des deniers nécessaires à acquitter la part afférente à chaque commune. On commence à entrevoir les difficultés financières que l'avenir nous réserve.

La ville de Laon, privée de ses ressources ordinaires, forcée de faire face aux dépenses énormes que lui cause sa garnison, épuisée par les réquisitions, est obligée de recourir au crédit public pour continuer ses services. La commission municipale ouvre un emprunt. Appel public et pressant est fait à toutes les personnes de bonne volonté. Les souscriptions seront reçues jusqu'à un minimum de cent francs.

Un décret de la délégation de Tours, en date d'hier 12, a nommé chevaliers de la Légion d'honneur pour leur belle conduite le 8, M. Dufayel, commandant de la garde nationale de Saint - Quentin ; M. Tausin, adjudant-major ; M. Vourion, capitaine de la 3ᵉ compagnie de la garde nationale ; M. Valentin Baston, commandant des sapeurs-pompiers, et Lafond, lieutenant ; Bosquette, des francs-tireurs de l'Aisne. Le préfet Anatole de La Forge les décore pendant une revue qu'il passe avec le général Desaint. M. Derdenne, adjudant de la garde nationale, est mis aussi à l'ordre du jour. La revue est magnifique. Il y a là quinze mille hommes de troupes et de garde nationale. L'enthousiasme est à son comble. On acclame les nouveaux et braves chevaliers, le préfet de La Forge, le commissaire gé-

néral Testelin qu'on reconduit en triomphe à la gare, à son départ pour Lille. A Cambrai, le même accueil l'attend.

Les journaux du Nord arrivent avec les articles les plus chaleureux. L'*Echo du Nord* dit : « Inscrivons Saint-Quentin » dans nos fastes guerriers, comme La- » cédémone dévouait les Thermopyles à » l'immortalité. »

Les dépêches de congratulation encombrent le télégraphe. Les adresses pleuvent des villes voisines.

La garde nationale de Péronne offre sa batterie d'artillerie. Remerciements ; on a ce qu'il faut.

Magnifique aurore boréale dans la direction du nord-nord-ouest.

On entrevoit pour bientôt l'arrivée plus que probable de l'ennemi. Les destinataires des marchandises en gare de Saint-Quentin sont priés par un « *avis important* » de la Chambre de commerce de faire enlever sans délai ces marchandises.

Changement du nom de plusieurs rues et places de Saint-Quentin. La commission municipale, « considérant qu'il importe » de rappeler constamment au souvenir » des populations les actes de courage et » d'énergie accomplis pour la défense de » la patrie et de la liberté ; — voulant, » d'une part, rendre hommage à la conduite héroïque de Strasbourg ; — d'autre » part, perpétuer la mémoire de la journée » du 8 octobre 1870, dans laquelle les citoyens de la ville de Saint-Quentin, sous » la conduite de chefs intrépides, ont repoussé les attaques de l'ennemi avec » une vaillance à laquelle applaudit la » France entière ; — arrête : — Art. 1ᵉʳ. La » rue Napoléon prendra désormais le nom » de *rue de Strasbourg*. Art. 2. La place du » chemin de fer prendra le nom de *rue du* » *8 octobre*, le boulevard *Napoléon* celui » de *Boulevard du 8 octobre*, et la place » *Napoléon* celui de *Place de la Liberté*. » Art. 3. Un monument commémoratif » de la défense de Saint-Quentin sera » élevé sur la *Place de la Liberté*. »

Le bombardement continue à Soissons jusqu'à trois heures de l'après-midi. Le feu des batteries prussiennes cesse alors, et un parlementaire se présente. Le conseil de défense rejette ses propositions. A cinq heures, le feu est rouvert. A huit heures, l'hôpital général est en feu. Les vieillards, les infirmes, les enfants sont emportés avec peine et recueillis dans des caves. L'ennemi tire sur le théâtre de l'incendie pour empêcher les secours. Des maisons sont écrasées et plusieurs personnes tuées ou blessées. Les habitants commencent à se plaindre de ces effroyables souffrances. C'est surtout à eux et à leurs habitations que le bombardement a fait du mal. La garnison et les remparts souffrent beaucoup moins. Neuf morts ce jour-là : six civils, trois soldats de la ligne. L'ambulance prend feu aussi dans la même nuit. La pluie de fer et de feu ne cesse pas.

Vendredi 14. — Pendant que les articles de journaux, leurs compliments et les adresses des villes et gardes nationales voisines arrivent à Saint-Quentin ; pendant qu'une dépêche de la délégation de Tours dit à M. de La Forge : « Le gouver- « nement ne saurait trop vous féliciter de « votre admirable conduite. Continuez, « résistez, et vive la République ! », on a appris à Lille que les Prussiens se pro- posaut d'attaquer sérieusement Saint- Quentin. Le conseil de guerre décide qu'on ne peut utilement défendre cette ville d'où les troupes françaises vont être rappelées, car elles seraient exposées à y être enlevées par les Prussiens. Le com- missaire général Testelin s'oppose en vain à cette résolution qui est signifiée à Saint-Quentin. Rappel des troupes réunies depuis trois jours. Vains efforts du préfet Anatole de La Forge pour les conserver. Il donne sa démission. M. Testelin remet à la commission municipale le soin des affaires administratives dans le départe- ment. Proclamation de la commission qui résume ainsi les devoirs de la situation : « Résister intrépidement à l'ennemi; sau- « vegarder l'honneur de la cité, en veillant « aux intérêts qui lui sont confiés. »

L'émotion est dans la ville d'où partent un certain nombre de familles.

Passage de deux ballons au-dessus de Saint-Quentin. L'un, le *Washington*, opère sa descente aux environs de Cambrai ; il était porteur de dépêches et de pigeons. Le second va tomber en Belgique.

La nuit a été terrible pour Soissons. Le bombardement se continue sans interrup- tion. L'Hôtel-Dieu, la Caserne, la Crèche, plusieurs maisons reçoivent des projecti- les. La destruction est partout, l'incendie aussi. La place riposte toujours. C'est un feu roulant et qui ne s'arrête pas un ins- tant. Des hauteurs voisines tous les coups portent. Les plaintes des habitants se font entendre avec plus d'insistance. Trois morts, une femme, deux soldats.

Samedi 15. — Continuation du bom- bardement sur Soissons. Le conseil de défense cède aux instances de la popula- tion. D'ailleurs, une brèche est largement ouverte au rempart Saint-Jean-des-Vi- gnes, sans parler d'autres ouvertures à

la muraille d'enceinte. Dans l'après-midi, il est résolu qu'on se rendra. A six heures du soir, envoi d'un parlementaire. Le feu cesse. Neuf morts, dont deux mobiles et un soldat prussien prisonnier.

A onze heures du soir, la capitulation est signée entre le colonel Krensko, re- présentant du duc de Mecklembourg, et le lieutenant-colonel de Noüe, gouver- neur de Soissons. La ville se rend avec son matériel de guerre et sa garnison comprenant tous les hommes qui ont porté les armes en uniforme militaire ou non, et qui seront prisonniers de guerre. « *En considération de la défense valeu- « reuse de la place* », tous les officiers qui engageront par écrit leur parole de ne pas porter les armes contre l'Allemagne pendant la guerre, seront mis en liberté et conserveront leurs armes, chevaux, ef- fets et domestiques. « En considération « de ce que la ville de Soissons a souffert, « elle ne subira pas de contribution, » et nourrira seulement sa garnison.

Lettre de M. Roques Salvaza, chef d'escadron, commandant l'artillerie de la ligne à Soissons, au commandant des 12e, 14e, 16e batteries des mobiles du Nord, et témoignant de la bravoure de ces soldats surtout au bastion 5 et au cavalier 8 qui ont attiré par leur feu les efforts de deux batteries ennemies pendant quatre jours consécutifs.

Après une nouvelle entrevue avec le préfet allemand qui laisse entrevoir que son gouvernement ne laissera pas rendre, à Laon, la justice au nom du peuple fran- çais puisqu'il ne reconnaît pas la Républi- que, le Tribunal de Laon décide, à l'una- nimité des membres présents, qu'il y a lieu pour lui de cesser provisoirement l'exercice de ses fonctions, quelles que puissent être, au point de vue de l'expédi- tion des affaires civiles et de la répression, les conséquences de cette suppression. Le baron de Landsberg en est instruit par une lettre de M. Combier, président. A partir de ce jour aussi, le juge de paix cesse de tenir ses audiences.

Dimanche 16. — Les Prussiens en garnison à Laon annoncent la capitulation de Soissons. Bien que la canonnade ait cessé, on doute encore. Le colonel de Kahlden part de Laon pour Soissons. On dit qu'il va demander des renforts pour l'expédition qu'il prépare contre Saint- Quentin.

Une dépêche de Bruxelles dit que Sois- sons a capitulé après une « héroïque » dé- fense. Une autre, expédiée de l'état-major prussien à Venizel (officielle), constate que les pertes des Allemands ont été faibles, malgré les trois semaines d'investissement et les quatre jours de canonnade ; elle parle de 4,000 prisonniers et de la capture de 132 canons.

A deux heures de l'après-midi, les conditions sont remplies. Les officiers conduisent leurs troupes en dehors de la ville où ils sont eux-mêmes obligés de rentrer pour signer la capitulation et l'engagement d'honneur en vertu duquel la liberté leur est rendue, ainsi qu'aux mobiles de l'arrondissement de Soissons. Il paraît que l'ennemi a à peu près promis de rendre bientôt à la liberté le reste de la garnison, au moins les mobiles de Vervins et de Lille ; un ordre du jour de M. de Fitz-James, chef du bataillon des mobiles de Vervins, l'affirme.

Par une proclamation aux habitants de Soissons, la commission municipale recommande l'attitude la plus digne et la plus calme.

A trois heures, le grand-duc de Mecklembourg fait son entrée à Soissons et, sur la place de la cathédrale, passe la revue de son armée dont la tenue sévère est aussi correcte que si les soldats sortaient d'une caserne. Il est salué par les acclamations les plus chaleureuses.

Vers quatre heures de l'après-midi, le ballon le *Jules-Favre*, parti le matin de Paris avec deux personnes et des dépêches, passe au-dessus de Soissons. Il a une légère déchirure et baisse beaucoup. Les Prussiens l'aperçoivent et tirent sur lui. Des balles se logent dans la nacelle. On jette du lest, et il se relève sans mal, pendant qu'une grêle de balles lui est envoyée. Des habitants de la ville crient en le voyant partir : Vive la France ! Le *Jules-Favre* est vu de Vorges. Il passe au faubourg de Vaux-sous-Laon, au-dessus du canton de Rozoy et va tomber près de la ville de Dinant, en Belgique. C'est lui qui donne à Lille les premières nouvelles de la chute de Soissons.

La partie de la garnison de Soissons, prisonnière de guerre, est désarmée et dirigée, sous l'escorte d'environ 600 Allemands, par la porte de Reims, sur la route de Château-Thierry ; les soldats du 15e de ligne et la mobile de Vervins précédant les 12e, 14e et 16e batteries de la mobile du Nord. La colonne marche depuis trois heures, et il est environ huit heures du soir. On traverse le bois dit de Saint-Jean, sur le terroir d'Hartennes. Tout-à-coup, une vive fusillade éclate. Les prisonniers fuient à travers les bois, poursuivis par les Prussiens qui ne purent amener à Château-Thierry qu'un millier de captifs, affirme-t-on, sur 3,000 Français, environ, partis

de Soissons. On n'est pas encore bien fixé sur la cause de cette échauffourée. Suivant certains journaux renseignés par des fugitifs qui, dans l'obscurité, ne purent tout voir et bien juger, les Prussiens de l'escorte auraient tout-à-coup fait arrêter la colonne sur laquelle ils auraient fait feu, guet-à-pens qu'on ne peut accepter sans contrôle de la part de ces journaux à sensation qui l'intitulent: *Horrible boucherie de prisonniers français*. D'autres feuilles affirment que le bois de Saint-Jean recelait des francs-tireurs qui firent feu sur les Prussiens, jetèrent le désordre parmi eux et fournirent aux soldats français l'occasion de s'enfuir. Une version donnée par le *Nouvelliste de Rouen* du 30 octobre semble assigner à cet événement sa vraie cause. Un mot d'ordre aurait passé, au milieu des ténèbres, parmi les fantassins du 15e de ligne et quelques turcos qui, profitant de la proximité du bois, se jetèrent sur la tête de l'escorte, s'emparèrent de quelques fusils, firent feu, et se précipitèrent dans le fourré au cri de *sauve-qui-peut !* C'est, d'ailleurs, un fait incomplètement connu encore et qu'il faut éclaircir sur les lieux.

Un certain nombre de morts et de blessés, entre autres un Prussien, gisent sur le terrain et, après le départ de la colonne reformée, sont relevés par les habitants d'Hartennes guidés par leur curé dont la conduite est admirable. Presque tous les morts appartiennent à la mobile de Vervins et de Saint-Quentin. Les morts et les blessés sont transportés à l'Hôtel-Dieu d'Oulchy-le-Château. Plusieurs blessés sont dans un état très-grave.

Les routes de l'arrondissement de Vervins sont menacées. Conseils des journaux aux voyageurs et aux voituriers qui se dirigent vers le Nord et la Belgique de demander sur leur chemin, et le plus souvent possible, si les routes sont sûres.

Lundi 17. — On apprend avec douleur, à Laon et à Saint-Quentin, que Soissons s'est rendu ; il n'est plus possible d'en douter.

Les journaux de Tours annoncent que M. de Larre (?) capitaine des francs-tireurs de l'Aisne, s'est engagé, en réponse à la proclamation de M. de Kalden : *Quatre Français coupables ou innocents seront fusillés*, s'est engagé, disons-nous, à faire pendre « dix Prussiens ou Meck- « lembourgeois pour tout Français assas- « siné. »

Il semble à peu près certain qu'une attaque de francs-tireurs a lieu, ce jour-là, contre la colonne prussienne qui conduit à Château-Thierry le reste des prisonniers de Soissons. Un article du *Nouvelliste de Rouen* et une dépêche d'origine française du 18 l'affirment. La dépêche parle de ce fait comme s'étant passé aux environs de Château-Thierry ; beaucoup de mobiles ont pu s'enfuir. Les *Nouvelles officielles* de Strasbourg (moniteur prussien de l'Alsace) disent aussi qu'à deux lieues de Château-Thierry, les francs-tireurs ont attaqué un transport de prisonnier et en ont délivé un certain nombre. Il faut même renforcer les commandements d'étapes.

A Vervins, on apprend aussi la capitulation de Soissons. On ne connaît pas encore la catastrophe d'Hartennes qui tout à l'heure causera tant d'émotion dans le Vervinois. Adresse de félicitations de la garde nationale de Vervins à celle de Saint-Quentin.

Cette dernière ville est toujours livrée à l'anxiété.

Comme si nous n'étions pas écrasé par assez de maux, la peste bovine, qui suit toujours les armées allemandes, envahit les départements de l'Aisne et apparaît dans les communes de Menneville et de Juvincourt.

Le premier appel au crédit public fait par la commission municipale de Laon n'a pas porté tous les fruits qu'elle en attendait. Elle s'adresse de nouveau aux habitants, leur rappelant les cruelles nécessités auxquelles l'a réduite l'occupation prussienne. Elle fait aussi savoir qu'un papier-monnaie en coupures de 5, 10, 25, 50 et 100 fr., vient d'être créé par la commission municipale.

Les journaux de Soissons disparaissent à leur tour.

La nouvelle de l'affreux événement d'Hartennes arrive à Vervins, apportée par des mobiles que des paysans ont sauvés et déguisés. Quelques-uns sont nus-pieds, brisés de fatigue, mourant de faim. Le *Nouvelliste* de Vervins, en racontant leur arrivée, blâme les officiers qui ont abandonné leurs soldats pour regagner librement leurs foyers où ils sont en sécurité. L'effroi est dans toutes les familles. Des pères, des dames, mêmes seules, partent pour Laon demander des saufs-conduits pour aller à Soissons prendre des nouvelles de leurs enfants.

Le soir, la ville de Château-Thierry a la douleur de voir arriver le convoi de prisonniers de Soissons, au nombre de 1,200 environ ; on va les diriger sur l'Allemagne. Ils sont casernés, pour passer la nuit, moitié dans la prison, moitié dans l'église paroissiale requise par le commandant de

place. Le lendemain, ces infortunés sont conduits à la gare et enfermés dans des wagons.

Un décret du 17 octobre charge le général Bourbaki, sur sa demande, du commandement supérieur de la région du Nord. La mission de l'armée qu'il va former est d'agir sur les positions des Allemands autour de Paris, ainsi que l'armée de la Loire.

Mardi 18. — Le commandant de place de Soissons von Stülpnagel ordonne à la commission municipale de prendre certaines mesures de police : déblaiement des rues, rétablissement de l'éclairage au gaz et du pavé, renversement des murs qui menacent ruine, réparations aux portes de la ville. Les réunions de citoyens dans la rue sont interdites. En cas d'alarme nocturne, les habitants s'enfermeront dans leurs maisons dont ils éclaireront les fenêtres. Le désarmement est fixé au lendemain. Aucun écrit politique ne pourra être distribué qu'avec l'autorisation du commandant de place. Le tout sous peine d'amendes dont les communes sont déclarées responsables. Les médecins seuls seront autorisés à sortir de nuit de la place. Continuation de la mortalité parmi les personnes atteintes par les projectiles.

Il arrive encore à Vervins des mobiles échappés à l'échauffourée d'Hartennes.

Lettre au crayon, datée de Bar-le-Duc et adressée par un mobile de Vervins à sa famille. Il part à l'instant pour Nancy.

M. de Fitz-James, commandant du bataillon de mobiles de Vervins, arrive aussi dans cette ville. Scènes fort vives.

Mercredi 19. — M. Levêque, président honoraire du tribunal de Soissons, meurt à la suite des affreuses blessures que lui a faites, pendant le bombardement, un obus qui a éclaté dans sa chambre. Depuis le 15, dernier jour du feu, dix-neuf personnes sont mortes à Soissons.

Trois bataillons de landwehr qui ont pris part au siége de Soissons, montent et se logent à Laon. Autour de la ville, d'autres troupes, venant de la même direction et qui partiront demain pour Saint-Quentin, sont distribuées dans les villages voisins. On dit que cette petite armée, qui a de la cavalerie et de l'artillerie, se monte à plus de 4,000 hommes.

Un arrêté de M. Testelin, commissaire général de la défense, à Lille, suspend pour un mois, comme ayant « commis un « véritable acte de trahison, » le journal le *Mémorial de Lille* qui, le 18, a annoncé que le conseil de guerre avait décidé que Saint-Quentin ne serait pas défendu.

Le *Journal de Vervins* publie une longue lettre de M. de Fitz-James. L'ex-commandant du bataillon des mobiles de Vervins y raconte les lamentables détails du bombardement : le 15, la ville était à moitié détruite, incendiée, pleine de décombres; les hôpitaux n'existaient plus; les blessés ne trouvaient plus d'abri ; on ne relevait plus les morts dans les rues devenues impraticables ; beaucoup de canons étaient démontés ; les munitions d'artillerie s'épuisaient ; on constatait une largeur de quinze mètres à la brèche du rempart Saint-Jean. Il n'y avait plus qu'à capituler, pour éviter à la ville le malheur d'être emportée de vive force. Si les officiers ont accepté la condition de rester en France, libres sur parole, c'est que la promesse formelle avait été faite « que leurs « soldats, *rendus à la liberté dimanche soir*, « *seraient de retour chez eux* aussitôt que « leurs officiers. » Evidemment , cette promesse eût été tenue sans la malheureuse affaire d'Hartennes où le 15e de ligne se révolta, chercha à s'enfuir, imité malheureusement par le bataillon de mobiles de Vervins. M. de Fitz-James affirme que, sans cette affaire, et s'ils avaient patiemment attendu leur délivrance, les enfants de la contrée de Vervins seraient actuellement rendus à leurs familles inquiètes et éplorées. Quant à lui, il a fait son devoir, ainsi que ses officiers. Ceux qui les accusent de lâcheté sont plus sévères que l'ennemi qui leur a rendu publiquement justice. N'habitant pas l'arrondissement de Vervins , rien ne l'y appelait ; s'il est venu, c'est pour offrir aux familles le témoignage de son chagrin et réclamer un accueil cordial des familles qui n'ont rien à lui reprocher.

Le commandant de place de Soissons de Stülpnagel fait afficher un arrêté annonçant que tout individu qui ne fait partie ni de l'armée régulière française, ni de la garde mobile, portât-il le nom de franc-tireur ou autre, du moment où il sera saisi en flagrant délit d'hostilité vis-à-vis des troupes allemandes, sera considéré « comme traître et pendu ou fusillé, « sans forme de procès.»

A Saint-Quentin, on sait, à n'en pouvoir douter, que l'ennemi va venir. Toutes les troupes sont parties, comme elles sont parties de Laon le 4 septembre, comme elles sont parties d'Orléans, comme elles sont parties de Chartres. Comme partout, il va falloir se rendre. Le sort commun ne peut être évité. Quelques volontaires réclament des armes. La défense, comme partout, n'étant pas possible, ne serait qu'une imprudence. On n'ose dire : Ne vous défendez pas ! On arrête ces velléités d'une façon détournée. Comme il est tacitement entendu qu'on ne défendra pas la ville, la commission municipale public cette proclamation par la voie des journaux du 19 : « La commission munici- « pale *croit de son devoir* d'informer tous « les citoyens *armés et sans uniforme* que « les Prussiens ne considèrent comme « troupes soumises aux lois de la guerre « que celles qui portent un uniforme « militaire, et qu'ils *fusillent impitoya-* « *blement* les citoyens pris les armes à la « main et revêtus d'habits civils. On avait « pensé que le képi suffisait pour donner « aux combattants toute sécurité s'ils « étaient faits prisonniers; mais de dou- « loureuses expériences ont démontré que « les Prussiens n'admettent pas ce prin- « cipe. » Le 12 octobre , cependant, la commission municipale de Saint-Quentin avait voté de nouveaux subsides pour l'habillement, l'armement et l'équipement de cinquante nouveaux enrôlés dans la compagnie des francs-tireurs de l'Aisne.

Jeudi 20. — Les troupes de l'expédition de Saint-Quentin quittent Laon, prenant les unes la direction de La Fère, les autres celle de Saint-Quentin. Le colonel de Kalheden est à leur tête.

Les Prussiens paraissent en vue de La Fère. Ils commencent de suite quelques travaux de tranchée aux abords de la route de Laon. Un grand mouvement se fait sur ce point. La place leur envoie des boulets. On croit que c'est le commencement d'un siége en règle.

Le colonel von Kalhden trouve à Vendeuil les ponts sur l'Oise et le canal rompus. Il somme les autorités municipales de faire rétablir immédiatement les communications, de façon que, demain matin, à six heures, ses troupes puissent passer sans difficulté. On devra travailler toute la nuit. Si cet ordre n'était pas exécuté, la commune aurait à payer une contribution de vingt mille francs, « à part « les autres représailles militaires, ainsi « que l'emprisonnement et le fusillement « des principaux habitants. » Les ponts furent rétablis, et la commune paya 7,000 francs. Trois habitants furent un instant arrêtés.

Vendredi 21. — Le lieutenant-colonel de Noüe, commandant de la place de Soissons, et plusieurs officiers de la ligne qui n'ont pas voulu accepter les conditions de rester libres sur parole, arrivent à Château-Thierry d'où ils sont dirigés sur Mayence.

Des soldats de l'armée active qui ont échappé aux Prussiens à l'affaire d'Hartennes donnent des détails erronés à Douai, à Lille, à Rouen. L'*Echo du Nord* incrimine la conduite de la municipalité qu'il « assimile à un commandant maritime dans les guerres navales ou dans « les tempêtes. » Elle doit soumettre sa conduite au verdict de l'opinion publique qui l'acquittera, s'il y a lieu ; l'armement et les fortifications de Soissons rendaient de moins en moins explicable la prompte capitulation de cette forteresse. Le *Propagateur du Nord* dit « que la municipalité se « serait rendue, tête nue, au devant du « parlementaire ; que le vainqueur avait « exigé qu'un coup de canon soit tiré « chaque demi-heure en signe de réjouis- « sance ; ...que la ville de Soissons n'a pas « joué un rôle plus glorieux que dans la « campagne de 1814 ; ... qu'elle donne « un bien triste exemple aux villes for- « tifiées. » Une dépêche du préfet Anatole de La Forge avait constaté avec plus d'équité cependant : « qu'on savait que « Soissons ne pouvait tenir longtemps, « que la ville était dominée par des hau- « teurs, et qu'à l'époque où on en avait « fait une place de guerre, les canons n'a- « vaient pas la portée qu'ils ont aujour- « d'hui.» Le *Progrès de l'Aisne* constate encore avec douleur que d'autres journaux voisins ont prodigué à Soissons le reproche de lâcheté.

On a par Lille des nouvelles des prisonniers de Soissons. Ils sont campés dans la campagne de Magdebourg.

Une lettre de Besmont, écrite en réponse à celle de M. de Fitz-James par le père d'un mobile du bataillon de Vervins, entame, dans les journaux de cette ville, cette polémique irritante qui ne cessera qu'à la fin du mois d'octobre, et où l'on voit défiler les accusations les plus ardentes contre les officiers et les ripostes les plus passionnées.

Depuis le matin, la ville de Saint-Quentin est en proie à la plus vive émotion. On sait qu'un corps d'armée, signalé la nuit à Vendeuil, est en marche sur Saint-Quentin. Vers onze heures, les Prussiens paraissent en vue de la ville et, comme il y a douze jours, ils prennent position sur la hauteur de Neuville. Le tocsin sonne ; la générale bat. On se réunit à la barricade du pont d'Isle. La commission municipale y est aussi. Douze pièces de canon de fort calibre, mises en batterie auprès du moulin de Neuville, lancent des obus sur la gare et le faubourg. Des boulets tombent aux alentours de la barricade. « Quant à nous, » lisons-nous dans une lettre de Saint-Quentin écrite

au *Journal d'Amiens*, « nous n'avions que « des fusils portant de 250 à 300 mètres, « pas un canon, et la résistance avait été « reconnue impossible contre un certain « nombre d'assaillants. » Le drapeau parlementaire est arboré. Deux membres de la commission se portent vers l'endroit où l'on signale le chef du corps d'armée. Ils sont autorisés à lui annoncer que, privée des moyens de résistance, la ville n'entend pas se défendre. Le feu cesse. Deux compagnies d'infanterie descendent à la barricade, en prennent possession et en désarment les défenseurs. La commission municipale est avertie que le colonel von Kalhden la demande « à trois kilomètres « environ du lieu où elle se trouvait », dit le *Guetteur* du 26 octobre. Il faut en passer par les dures exigences du vainqueur, et la commission « se rend au lieu « indiqué, en traversant toutes les lignes « ennemies, échelonnées sur la route de « La Fère. »

Là, le colonel de Kalhden fait connaître les conditions imposées à la ville. Elle paiera immédiatement une amende de 900,000 francs et fournira 20 chevaux de luxe ou 2,500 francs par chaque cheval refusé. La commission municipale est prisonnière de guerre, ainsi que le préfet Anatole de La Forge ; mais celui-ci a eu soin de quitter la ville avant l'arrivée des Prussiens, ainsi que la compagnie des francs-tireurs de l'Aisne. La commission continuera d'administrer provisoirement la ville et répondra personnellement des actes commis contre les soldats prussiens. Aucune de ces conditions n'est discutable.

Pendant ce temps-là, un corps de cavaliers tournait par Omissy et entrait, par le faubourg Saint-Jean, en ville où tout le corps prussien, moins l'artillerie, pénétrait à quatre heures. La prise de possession est complète. Les affiches habituelles s'étalent sur tous les murs. Sous peine de mort, tout détenteur d'armes de guerre, de luxe, de chasse, révolvers, pistolets, armes blanches, doit, dans un délai de deux heures, les déposer au chemin de fer. Si un seul coup de feu est tiré sur un soldat allemand, six habitants seront fusillés. M. le colonel de Kalhden ne demandait à Laon que quatre habitants.

Les soldats allemands sont logés chez les particuliers dans les quartiers environnant la rue d'Isle. La soirée est lugubre.

Les troupes prussiennes qui ont paru hier devant La Fère, sont parties brusquement et, à huit heures du soir, rentrent à Laon où on ne les attendait pas si vite. On prétend qu'elles   reçu une dépê che importante, probablement d'une sortie heureuse devant Paris, qui les a forcées à se replier en arrière. Ce qui est plus probable, c'est que, Saint-Quentin étant pris, la démonstration qu'elles ont faite devant La Fère afin d'empêcher la garnison de se porter au secours de Saint-Quentin, n'est plus utile. En passant à Crépy, des soldats maltraitent M. Belseur, maire et conseiller d'arrondissement. On dit à Laon que les francs-tireurs de La Fère, embusqués dans les bois de Fourdrain, ont tiré sur les lanciers blancs qui ont tué un vieillard dans un champ.

Dans la nuit, des troupes prussiennes se logent dans les faubourgs de Laon.

Les journaux de Lille apportent la nouvelle de la démission de M. Testelin comme commissaire général de la défense nationale dans les quatre départements du nord. Comme motifs, il invoque sa santé et la certitude qu'il a de ne pas posséder les connaissances militaires qui lui font absolument défaut.

Samedi 22. — Les troupes prussiennes prennent la route de Mézières.

A Saint-Quentin, il faut s'exécuter. Des chevaux sont présentés et refusés. Ils valent 50,000 francs qu'on ajoutera aux 900,000 de la contribution de guerre. La commission fait appel aux capitalistes. Un train spécial emporte à Lille une députation de notables saint-quentinois chargés d'emprunter à la Banque de France la somme nécessaire. Réquisitions de sucres, tabacs, cuirs, peaux, chaussettes, etc., qu'on estime au moins à la somme de 20,000 francs. Les notables envoyés à Lille reviennent le soir, et la somme de 900,000 francs est versée à six heures. L'ordre règne, d'ailleurs, dans la ville.

Nouvelle proclamation de M. de Kalhden. Il semble faire pressentir son départ prochain. « Si après le départ des « troupes allemandes, des *nouvelles* ma-« nifestations déloyales (nous ne voyons « pas qu'il en ait été fait), si des désor-« dres quelconques ont lieu de manière à « nécessiter le retour des troupes, il se-« rait procédé contre la ville avec la plus « grande rigueur. Des contributions fort « élevées devront être payées, et chaque « individu compromis ou soupçonné sera « puni de mort. »

Ordre du jour daté de Versailles du 22 octobre, donné par injonction du roi Guillaume et contresigné du ministre de la guerre de Roon, annonçant que l'enquête judiciaire entamée à la suite de l'explosion de la citadelle de Laon, a prouvé jusqu'à l'évidence la parfaite innocence du général Théremin, et finissant par ces mots : « C'est un devoir d'éclairer « l'opinion publique et de rendre justice « à l'honorable ennemi, même au-delà de « son tombeau. »

Dimanche 23. — Stupéfaction. Quand la ville de Saint-Quentin se réveille, tout le corps d'armée est parti, c'est le cas de le dire, sans tambour ni trompette, avec ce silence mystérieux qui fait partie de la tactique prussienne et qui nous étonne si fort, nous dont le moindre détachement militaire ne peut faire un pas sans remplir l'air du bruit de ses tambours et de ses clairons. Le soir, on voit rentrer à Laon, avec la même tranquillité, les dragons de Kalhden, les deux batteries d'artillerie et le 48e landwher qui ne quittera plus cette garnison qu'à la conclusion de la paix.

La querelle entre les soldats et les officiers de la mobile de Vervins se complique. M. Delaporte, de la Bouteille, l'auteur de l'article : *Le Pacte de famine*, qui tout récemment a fait tant de bruit, en publie un nouveau, dans le *Nouvelliste* encore, sous ce titre à sensation : *Un débri du passé*. C'est M. de Fitz-James qu'il désigne sous cette métaphore. M. Delaporte reproche amèrement aux officiers du bataillon de Vervins d'avoir séparé leur sort de celui de leurs soldats. La plupart des mobiles fugitifs et des militaires du 15e de ligne vont reprendre leur service au premier appel, et leurs officiers, rivés à leur parole, laisseront aux soldats l'honneur de défendre encore leur patrie.

Par une proclamation en deux langues, affichée dans toute la partie occupée du département de l'Aisne, on apprend que le lieutenant-général de Rosenberg-Gruszinsky, gouverneur de Kœnigsberg, est appelé à remplacer à Reims comme gouverneur-général le grand-duc de Meck-lembourg dont le corps vient de prendre Soissons et marche vers l'intérieur de la France.

Lundi 24. — On essaie, dans l'arrondissement de Vervins, de former des sociétés communales de secours pour les ouvriers sans travail.

La discussion sur la conduite des officiers de la mobile pendant le siége de Soissons et à propos de l'affaire d'Hartennes, continue à entretenir une vive émotion à Vervins. Réponse de plusieurs officiers à l'article de M. Delaporte.

Un article de la *Gazette de Péronne* paraît avec des insinuations malveillantes contre la ville de Saint-Quentin « qui « s'est rendue sans coup férir à 1300 « Prussiens ; on raconte à ce propos des

« faits auxquels il faut refuser de croire
« de la part d'une population énergique e
« résolue. » D'un autre côté, le *Libéral de
Cambrai* pose une série de questions sur
la part que la municipalité de St-Quentin
aurait prise à la reddition de la ville, en
pesant sur la détermination arrêtée en
dernier lieu par le conseil de guerre de
Lille.

Il passe encore à Laon de grandes
quantités de troupes prussiennes se dirigeant vers les Ardennes. Le 52ᵉ quitte
Laon par la route de Reims.

A huit heures du soir, magnifique aurore boréale dans la direction du nord
extrême. Rayons lumineux partant du
foyer, avec prolongement dans le ciel vers
le sud. Vers neuf heures, les phénomè-
nes lumineux s'affaiblissent peu à peu. A
neuf et demi, ce splendide spectacle prend
fin. Beaucoup de personnes en tirent
de tristes augures.

Mardi 25. — Lettre du rédacteur
du *Guetteur*, M. Ch. Poette, à la *Gazette
de Cambrai*. Il y démontre que St-Quentin
a dû fatalement se rendre. Le conseil
de guerre de Lille avait rappelé les forces
qu'on avait d'abord envoyées. Il n'y avait
plus que des gardes nationaux armés de
fusils de rebut, la plupart portant à 5 ou
600 mètres à peine. L'ennemi amenait
4,500 hommes, douze pièces de fort calibre. La ville était ouverte partout. « Tous
« nous avons cru sans exception que la
« défense était impossible, » et il a fallu
arborer le drapeau parlementaire, « parce
« que la commission municipale voyait
« la ville exposée aux plus grands mal-
« heurs, parce qu'elle avait sans cesse
« sous les yeux la situation lamentable
« dans laquelle la destruction de nos
« établissements industriels placerait la
« nombreuse population ouvrière de la
« cité, *et en outre parce qu'elle savait de
« source certaine que l'ennemi ne recule-
« rait devant aucun moyen pour soumet-
« tre la ville,* » sages raisons, indomp-
table nécessité devant lesquelles tout
homme sage doit s'incliner, même dans
les villes que tout à l'heure les mêmes
journaux de Saint-Quentin avaient vouées
au mépris, quand les mêmes raisons et les
mêmes nécessités leur avaient dicté la
même résolution et le même sacrifice.

Le rédacteur du *Guetteur* affirme en
terminant « que la ville de Saint-Quentin,
« la garde nationale, les sapeurs-pom-
« piers et la commission municipale ont
« fait leur devoir jusqu'au bout *et qu'ils
« livrent au mépris public les misérables
« qui voudraient les calomnier.* »

M. Poette publie un article aussi énergique contre la *Gazette de Cambrai*.

Il est loin le jour où M. Testelin s'écriait,
sur la tombe des victimes du 8 octobre :
« Le préfet Landsberg restera à Laon, la
« ville des lâches. Toi (Anatole de La
« Forge) reste à Saint-Quentin, la ville
« des braves ! » Il est loin, le jour où un
journal de Saint-Quentin publiait avec
orgueil cette phrase fanfaronne dont la
promesse ne serait pas tenue : « Il reste à
« son poste pour infliger aux Prussiens
« une *nouvelle raclée* et prendre l'offen-
« sive. »

Plusieurs membres de la commission
municipale de Saint-Quentin arrivent à
Laon et sont reçus par le préfet allemand.

Les deux batteries d'artillerie prussienne qui étaient à Laon partent pour
Reims.

Mercredi 26. — Nouvel article très
agressif de la *Gazette de Cambrai* repro-
chant à la commission municipale de
Saint-Quentin de s'être constituée prisonnière sur parole. « Si elle s'était laissée
« emmener, ce sacrifice aurait eu quel-
« que chose de noble, de grand, qui en
« eût imposé à l'opinion..... Saint-Quen-
« tin a été décidément terrorisé par les
« Prussiens. Pas un soldat n'y est de-
« meuré pour la garder. Il n'y a que les
« menaçantes affiches que nous avons
« publiées. Cela suffit, la ville obéit. »

L'*Echo du Nord* commence aussi le feu
sur la malheureuse ville de Saint-Quentin. Ce journal croit savoir (il se trompe)
qu'en quittant cette ville, les prussiens y
ont laissé un préfet chargé de l'administration conjointement avec la municipalité. Si celle-ci n'a pas assez d'énergie
pour se débarrasser « de ce tyran de troi-
« sième ordre, » rien ne serait plus simple, dit l'*Echo du Nord*, que d'expédier de
Lille un délégué avec ordre d'opérer l'arrestation du préfet prussien ; ce ne seraient pas les volontaires qui manque-
raient pour cette intéressante expédition.
En somme, Péronne, Cambrai, Douai, Lille
ne se sentent pas menacées encore ; on
y raille et on y manque de confraternité.
Tout à l'heure, Péronne ne rira plus.

Nouvelles lettres d'officiers de la mobile
de Vervins. Second article de M. Delaporte
dans le *Nouvelliste*.

Le receveur particulier des finances à
Vervins sollicite, par lettres adressées à
tous les souscripteurs de l'emprunt national de 750 millions, le versement du
20 octobre exigible dès ce moment : « Le
« gouvernement ayant besoin de toutes
« ses ressources pour faire face aux dé-
« penses de la défense nationale, fait
« appel à leur patriotique concours. »

Pendant la nuit, un individu, resté

inconnu, tire sur une des sentinelles prussiennes placées à la porte de la petite caserne de Soissons.

Jeudi 27. — Les quelques journaux qui arrivent à Laon et qui sont en retard sur les événements, apportent beaucoup de nouvelles contradictoires. On y parle de paix. On dit que l'Angleterre intervient pour la conclusion d'un armistice. Ils donnent de singulières nouvelles de Metz; les approvionnements de la place et de l'armée de Bazaine diminuant de plus en plus, le maréchal a cru devoir entrer en pourparlers avec l'ennemi, et le général Boyer, son premier aide-de-camp, se serait rendu à Versailles où on l'aurait reçu avec un empressement semblant prouver que les Prussiens sont très-désireux de terminer la guerre. Ainsi le général Boyer ayant parcouru en chemin de fer le trajet de Metz à Château-Thierry où le service de la voie est interrompu, une voiture aux armes du roi, qui attendait à la gare de Château-Thierry, a pris le général pour le transporter à Versailles.

Il semble que la commission municipale de Saint-Quentin a été très froissée des articles dirigés contre elle. Dans une proclamation où elle rend compte de sa conduite à ses concitoyens et que tous les journaux reproduisent, elle déclare donner sa démission ; elle continuera l'expédition des affaires jusqu'au moment où le gouvernement aura constitué la nouvelle administration provisoire.

La commission municipale de Soissons publie une proclamation où, au nom des sentiments de loyauté et de la plus simple prudence, elle blâme énergiquement l'attaque nocturne dirigée, la veille, contre un factionnaire prussien. Elle exhorte la population au calme et se soulève contre de pareils faits aussi inutiles que dangereux et qui ne peuvent qu'exposer la population innocente aux représailles et aux rigueurs de la loi martiale.

Vendredi 28. — Décret du gouvernement de Tours nommant au grade d'officier de la Légion-d'Honneur l'ex-préfet de l'Aisne, M. Anatole de La Forge, qu'il qualifie de commandant supérieur des corps francs et des gardes nationales à Saint-Quentin.

On voit les Prussiens annoncer par affiches la vente, pour le samedi 10 décembre, des coupes des forêts de l'Etat dans le département de l'Aisne. Le même jour, les journaux de Vervins, introduits mystérieusement à Laon, contiennent le texte du décret qui punit de mort ceux qui auraient acquis de l'ennemi des coupes de bois.

Ordonnance du gouverneur-général de Reims enjoignant à tous les maires de dresser immédiatement la liste des personnes sujettes à la conscription, tant pour l'armée que pour la garde nationale mobile, ainsi que des hommes qui n'ont pas dépassé leur quarante-sixième année. Copie de cette liste sera remise sous huitaine aux préfets ou sous-préfets prussiens. En cas d'absence d'un individu porté sur ces listes, les parents, tuteurs ou familles seront frappés d'une amende de cinquante francs par chaque individu absent et pour chaque jour d'absence. Annonce de perquisitions domiciliaires.

Le *Journal de Saint-Quentin* et le *Guetteur* reparaissent.

A Laon, à Saint-Quentin, à Vervins, comme dans toute la France, au moment où Bazaine va capituler, on colporte le bruit qu'il a remporté un grand succès sous Metz, qu'il est libre, qu'il marche sur Thionville, qu'il s'est emparé d'immenses convois de vivres. On explique ainsi le départ des forces prussiennes pour l'Est.

Samedi 29. — Le commandant de la place de Soissons informe la commission municipale qu'en raison de « l'attentat « dont un factionnaire prussien a été « victime, » dans la nuit de jeudi à vendredi, une contribution de 40,000 francs est imposée à la ville. Elle devra être payée sans le moindre délai. Soissons est dans la désolation. Comment paiera-t-on cette énorme amende ? On maudit l'auteur insensé de cet acte coupable dont on porte la responsabilité à laquelle seul peut-être il échappe.

Proclamation de Bourbaki à l'armée du Nord dont il prend le commandement. Déjà son influence se manifeste. Les garnisons des places fortes sont augmentées. La bureaucratie s'agite. Les cadres se reforment. A chaque instant, il arrive des officiers et des soldats de l'armée de Metz.

Le même jour, Bourbaki vient inspecter la place et les troupes de Douai. Il est reçu plus que froidement. Manifestations bruyantes, et murmures causés par la nouvelle de la capitulation de Metz. On l'accuse ouvertement d'y avoir coopéré par son voyage à Londres encore inexpliqué.

Le *Moniteur* prussien de Reims publie le décret de Versailles du 14 octobre sur les dégradations des chemins de fer, et l'ordonnance par laquelle le prince de Hohenlohe décide qu'à l'avenir des ôtages, « habitants connus et jouissant de la « considération générale, » accompagneront les trains et seront p acés sur les locomotives, « de manière à faire com- « prendre que tout accident causé par « l'hostilité des habitants frappera en « premier lieu leurs nationaux. »

Les journaux censurés de Reims apportent la triste nouvelle de la capitulation de Metz. On ne veut pas y croire ; c'est une ruse de l'ennemi. Cependant la tristesse est grande. On aime encore à se faire illusion ; si Metz est tombé, Bazaine n'a pas dû traiter avec l'ennemi ; son armée est entière et prête à tout.

La misère est grande dans les centres industriels de l'arrondissement de Vervins. Une lettre de M. Chaserai, du Val-Saint-Pierre, propose une contribution spéciale et obligatoire, dont le produit serait destiné à venir en aide aux ouvriers inoccupés et frappés par le chomage.

Dimanche 30. — On n'en peut plus douter: Metz a capitulé. Toute l'armée est prisonnière de guerre. L'*Echo du Nord* confirme cette fatale nouvelle. On n'a pas de détails. Consternation et fureur. On parle haut de manœuvres bonapartistes.

L'ère des contributions de guerre est ouverte. Par un décret du gouverneur général de Reims, l'ordonnance du 22 octobre concernant la perception des contributions prend force de loi dans le département de l'Aisne. La date à partir de laquelle les contributions seront perçues sera fixée ultérieurement.

Le guetteur du beffroi de Saint-Quentin reprend son service interrompu depuis huit jours.

Lundi 31. — On veut encore douter de la vérité des événements de Metz; Faux bruits : l'armée a refusé de souscrire aux conditions de la capitulation. Bazaine a été fusillé par ses soldats.

Des recettes de poste sont créées à Braine, Chéry-Chartreuve, Cœuvres, Fère-en-Tardenois, Oulchy, Soissons, Vailly, Vic-sur-Aisne et Villers-Cotterêts.

Arrêté qui force tous les maires des départements de l'Aisne, Ardennes, Marne, Seine-et-Marne, à s'abonner au *Moniteur officiel* de Reims et à verser sous huitaine les 16 fr., prix de leur abonnement trimestriel, « sous peine d'amende de 30 à « 200 fr. en cas de désobéissance à cet « arrêté. » Le prix de ce journal de très-petit format est fort élevé, car il est de quarante centimes pour chacun des quinze numéros parus du 1er octobre au 31 décembre 1870.

NOVEMBRE.

Mardi 1er. — Dans toutes les communes non envahies on appose la procla-mation de Gambetta : « La République ne « capitulera pas ! » Départ de M. Thiers pour Versailles. On parle toujours de la conclusion d'un armistice.

A Soissons, il faut payer les 40,000 fr. d'amende que coûte le coupable attentat du 27. La caisse municipale est vide. La contribution est répartie entre tous les habitants partagés en sept catégories ainsi taxées forcément : la première, 145 fr. ; la seconde, 80 fr.; la troisième, 45 ; la quatrième, 30 ; la cinquième, 45 ; la sixième, 5 ; et enfin la septième, 1 fr.

Un détachement de francs-tireurs d'Hirson et de Vervins enlève une ambulance et quelques soldats prussiens qui stationnent à Montcornet.

Mercredi 2. — Conséquences funestes de la capitulation de Metz: une dépêche de Berlin annonce que les armées prussiennes, longtemps immobilisées en Lorraine, vont se mettre en marche pour opérer dans l'intérieur de la France. La division sleswino-hosteinoise est en marche sur Paris par Châlons et Château-Thierry. Le 1er corps de la Prusse orientale, le 7e de Westphalie et le 8e corps rhénan, sous les ordres de Manteuffel, Zastrow, de Gœben, se dirigeront vers Lille d'où ils iront occuper la Picardie, la Normandie et la Bretagne, l'aile droite s'appuyant à la frontière belge, et la gauche donnant la main à l'armée du prince royal qui opère entre Paris et Tours. L'inondation nous menace.

Les Prussiens qui délivraient jusque-là gratuitement des saufs-conduits, se les font maintenant payer 2 francs par personne ou par voiture.

Jeudi 3. — Réquisition chez les marchands de Laon de toile destinée à la confection de sacs à terre pour les travaux d'appproche de Paris.

On sait à quoi s'en tenir aujourd'hui sur les impôts qu'il va falloir payer au vainqueur. A partir du 1er octobre, il n'y a plus qu'une seule et unique contribution. Elle s'appelle directe, et en effet elle atteint très directement les bourses. Elle se compose : 1° de la somme fixée pour 1870 « par les conseils d'arrondissement dans « les états généraux de sous-réparte-« ment, et 2° de la somme du produit des « droits d'enregistrement et de timbre, « ainsi que des contributions directes, « non compris le revenu du tabac, du sel « et de la poudre. » La somme fixée à chaque commune sera répartie entre les contribuables par le maire qui aura à percevoir, au commencement de chaque mois, un douzième qui sera versé au maire du chef-lieu de canton au plus tard le 6 du mois suivant, et par le maire du chef-lieu de canton le 15 du même mois, « sous « peine de poursuites militaires. » Les communes sont responsables. La circulaire se termine comme toute circulaire allemande par la menace polie, mais inexorable : « Nous espérons que les mai-« res prêteront *une obéissance absolue à* « cette ordonnance et *qu'ils ne nous for-* « *ceront pas aux mesures rigoureuses pré-* « *vues par les lois de la guerre.* »

Vendredi 4. — Décret de mobilisation de tous les hommes valides de 21 à 40 ans, mariés ou veufs, avec ou sans enfants. Est-ce bien là la force qui sauvera la patrie ? Est-ce là une organisation militaire en laquelle les esprits sérieux et vraiment amis de leur pays puissent avoir confiance ? Sont-ce des soldats, ou seulement des hommes qu'on va jeter sans instruction spéciale, sans discipline, sans confiance en leurs chefs et en eux-mêmes, en pâture au fléau de la guerre, de cette guerre en vue de laquelle l'ennemi s'est si bien préparé ?

Un décret du gouvernement-général de Reims interdit « aux rédacteurs de jour-« naux de publier aucune critique ou « protestation contre les mesures des au-« torités allemandes. » En cas de contravention, la « continuation » du journal sera prohibée.

Un détachement de cavaliers partis de Laon envahit Montcornet et signifie à la municipalité, tout se soldant en amendes, qu'elle est condamnée à payer sur l'heure une contribution de 8,600 fr. pour le fait de l'enlèvement des malades prussiens par les francs-tireurs de Vervins.

Une adresse se signe à Saint-Quentin pour prier la commission municipale de revenir sur sa décision et de rester à la tête des affaires de la ville.

Le service du chemin de fer entre Busigny et Chauny, par Saint-Quentin, est repris pour quelques jours seulement. Le service des marchandises fonctionnera demain.

Samedi 5. — Par des journaux de Lille et d'Amiens, on apprend les détails désastreux de la capitulation de Metz. On parle toujours d'un armistice de vingt-cinq jours avec faculté de ravitailler Paris et pendant lequel serait élue une Constituante convoquée pour le 15 novembre.

Circulaire de M. le préfet de Landsberg ordonnant aux maires des cantons de verser sous huit jours l'argent qu'ils ont dû toucher des maires de leurs circonscriptions pour l'abonnement au *Moniteur* prus-

sien de Reims, et de lui remettre en même temps la liste des maires qui seraient en retard de paiement. En cas de désobéissance, les communes seront frappées d'une amende de 50 francs.

Un décret du gouvernement général de Reims porte que les crimes, délits et contraventions commis contre les puissances alliées et leurs armées, ceux commis par des personnes faisant partie de leurs armées et les suivant, seront jugés par les tribunaux de guerre, d'après la loi spéciale militaire prussienne. Sauf ce cas, il n'y aura rien de changé dans la compétence des tribunaux français qui fonctionneront « dans les formes légalement constituées « *avant la guerre.* »

De même que le tribunal de Laon, celui de Soissons a décidé qu'il cesserait d'exercer la justice.

Dimanche 6. — La peste bovine qui a fait son apparition dans la Marne en septembre, et dans l'Aisne en octobre, se manifeste aussi dans les départements des Ardennes et de Seine-et-Marne. Le département de l'Aisne a été déclaré atteint le 15 octobre, et les autres le 5 novembre. Outre les mesures locales ordonnées par un arrêté du 15 octobre, le gouvernement général de Reims décide qu'à l'avenir les troupes en marche ne transporteront plus de bétail vivant. Il sera soit requis, soit abattu dans les dépôts où la viande sera salée pour être emportée.

Un décret de la délégation de Tours nomme M. Félix Achard, secrétaire-général de la Haute-Vienne, préfet de l'Aisne en remplacement de M. Anatole de La Forge, démissionnaire.

Un employé de la poste nommé Gerlier, a été chargé par la direction qui siège à St-Quentin, d'interdire aux facteurs de Laon tout rapport avec la poste prussienne de cette ville. Il est poursuivi et recherché par la police et s'enfuit. La mairie de Laon est menacée d'une amende de 3,000 francs, si elle ne livre pas M. Gerlier. Elle refuse. M. Gerlier se représente volontairement, et le commandant prussien le met en liberté en le complimentant sur sa loyauté.

On apprend qu'à la nouvelle des pourparlers de paix, des désordres ont éclaté à Paris. Il y a eu une tentative de constitution d'une commune révolutionnaire. Un plébiscite a condamné ces soulèvements.

Une réunion nombreuse a lieu à Saint-Quentin en vue d'ouvrir une souscription quotidienne, en faveur des ouvriers sans travail. La misère est immense. Les bras chôment ; les économies s'épuisent ; l'industrie s'est arrêtée tout court. On supplie les fabricants de rouvrir les ateliers. Vains efforts qui se heurteront contre un malheur trop général et l'impuissance à peu près absolue de le soulager efficacement.

Les conséquences du bombardement se font toujours sentir à Soissons. Il y meurt encore des blessés ou des malades. L'état civil, du 9 octobre au 6 novembre, moins d'un mois, enregistre six naissances et cent sept décès.

Lundi 7. — Par un journal d'Amiens, on apprend que le commandant prussien de Beauvais a fait insérer dans une feuille de cette ville un *communiqué* annonçant la mise en marche d'un corps d'armée de 80,000 hommes dont l'objectif est Amiens et Rouen.

Des avis de Reims font entrevoir comme très prochaine l'arrivée de ces forces parties de Metz et pour lesquelles on prépare de nombreuses réquisitions. Ces réquisitions sont faites jusqu'au-delà de Saint-Quentin au nom du préfet prussien de Laon.

Le conseil municipal de Saint-Quentin établit à l'hôtel-de-ville un bureau où, pour remédier à la pénurie du numéraire et de la monnaie, on échange les billets de banque contre des coupures municipales de 1, 2, 5, 10, et 100 francs.

Le déblaiement et la reconstruction du tunnel de Vierzy entre Soissons et Villers-Cotterêts et dont la destruction était complète sur une longueur d'environ quatre-vingts mètres, sont menés activement par des mineurs westphaliens qui ont sous leurs ordres, dit-on, des condamnés aux travaux forcés. On pense que le tunnel sera rétabli avant la fin du mois.

Par les journaux anglais, on apprend que le général Bourbaki aurait donné sa démission, qui aurait été acceptée, de commandant en chef de la région du Nord. La nouvelle est prématurée.

Mardi 8. — Le Gouvernement de la défense nationale repousse l'armistice, le ravitaillement de Paris ayant été refusé par M. de Bismark. On apprend que des troubles ont éclaté à Marseille, à Nîmes, à Saint-Etienne.

Une députation de la commission municipale de Laon se rend à Reims, sollicitant une atténuation de l'énorme contribution qui a été assignée à la ville. Elle y rencontre d'autres solliciteurs qui sont reçus, comme elle, avec une politesse froide, mais n'obtiennent aucun allégement.

Tout le pays s'agite. On étudie partout les moyens de payer et de s'exonérer des redoutables conséquences dont on est menacé en cas de non-acquittement.

Les communes de l'arrondissement de Vervins n'ont pas été conquises encore. Ordre leur arrive cependant de Laon d'avoir à verser leur contingent. L'*Echo du Nord* affirme qu'elles refusent et font demander des armes au sous-préfet d'Avesnes.

Décret qui divise en deux bans les mobilisés de la levée en masse. Les hommes non mariés de 21 à 40 sont seuls appelés.

Capitulation de Verdun.

Château-Thierry est inondé de troupes qui marchent sur Paris ; à toute heure du jour et de la nuit, des détachements d'infanterie, cavalerie et artillerie, des convois, des trains d'équipages conduits par des paysans wurtembourgeois, des ambulances, des voitures de toute espèce, encombrent la gare et la ville.

Un service d'expédition est installé sur la ligne de l'Est entre Wissembourg, Strasbourg, Nancy, Epernay et Château-Thierry. Le service entre Epernay et Château-Thierry, entre Epernay et Reims va être repris.

Mercredi 9. — Une publication (proclamation) de l'autorité allemande « désire » que l'instruction publique et surtout l'instruction primaire reprenne son cours régulier. Elle donnera toutes les facilités possibles, et les préfets prussiens recevront avec plaisir les communications de MM. les maires et des délégués de l'instruction primaire. Quant aux écoles primaires, « la rentrée est de rigueur. »

Jeudi 10. — On amène à Laon prisonnier et lié dans une charrette un habitant de Jumigny. Cet homme, qui avait, contrairement au décret sur le désarmement, conservé un fusil de chasse, avait été vu braconnant sur le terroir de Cerny-en-Laonnois et fut dénoncé à l'autorité prusienne. Il est condamné pour délit de chasse et détention d'une arme à feu à trois mois de prison et à mille francs d'amende. Comme il est absolument insolvable, la commune de Jumigny est déclarée responsable et forcée de payer.

Dans la campagne de Laon, les officiers prussiens chassent en toute liberté.

La *Gazette de Cambrai* donne le détail des faits et gestes de la compagnie des francs-tireurs de l'Aisne qui, après avoir quitté Saint-Quentin le 20 octobre et s'être repliés sur Cambrai, ont, au nombre de quatre-vingt, opéré dans les départements de la Somme et de l'Oise. Dans un petit village aux environs de Beauvais, ils ont eu affaire à 1,500 cavaliers qui les ont cernés dans un bois, mais auxquels ils ont fait essuyer des pertes sérieuses. Ils ont pu se retirer sans avoir souffert sur la ligne de chemin de fer d'Amiens à Rouen.

Vendredi 11. — L'avant-garde des troupes ennemies, qui de Metz se rendent dans le Nord, est signalée. On craint qu'elle ne descende de Mézières vers Hirson.

L'arrondissement de Vervins est toujours sillonné par des soldats isolés, fugitifs de Sedan et de Metz, par des engagés volontaires et mobiles qui se dirigent vers Lille par Avesnes, pour gagner l'armée en formation dans le Nord.

Les journaux du Nord et de la Somme qui entrent mystérieusement dans nos villes occupées, témoignent d'une grande anxiété. Le plan de Manteuffel ne leur apparaît point encore dans toute sa clarté. De quel côté dirigera-t-il sa marche ? Ils cherchent à se rassurer en parlant de leurs places fortes bien approvisionnées, de l'appel de tous les hommes de vingt-et-un à quarante ans qui va multiplier dans des proportions prodigieuses le nombre des défenseurs de la patrie. Le langage de ces journaux trahit leurs appréhensions. Ils comprennent que le danger s'approche d'eux à leur tour.

A La Fère, on s'attend à l'investissement, et on presse l'évacuation sur les places du Nord de tout le matériel de guerre renfermé dans l'arsenal. La place a reçu avis qu'un corps parti de Reims est en marche sur le Nord. Arrivée du capitaine de frégate Planche, récemment promu au grade de commandant de La Fère. Il passe en revue la garnison, et lui lit une proclamation où il jure de lutter jusqu'à la dernière extrémité, de défendre la place à outrance et de la conserver à la France tant qu'il y restera une gargousse et un morceau de biscuit. Dans cette proclamation, on remarque surtout ces passages : « *Je ne me laisserai* « *arrêter par aucune considération d'in-* « *térêt particulier...* D'un moment à « l'autre, l'ennemi peut se présenter de « nouveau devant nos murs; la place peut « se trouver investie, exposée aux dan-« gers d'un bombardement. Nous aurons « des privations à endurer, des souffrances « à supporter ; mais nous serons forts et « énergiques, *et nous montrerons que l'ère* « *des lâches capitulations est passée.* » Cette proclamation est affichée dans toute la ville. On dit que plus tard, quand il connut mieux la place et ses ressources, il regretta le ton de cet ordre du jour qui

n'était pas en rapport avec l'insuffisance des moyens de défense.

Samedi 12. — Les francs-tireurs de Cambrai s'emparent dans les environs de Bohain, d'un convoi destiné au ravitaillement des Prussiens. Ce convoi se compose de sucre, café, mérinos, flanelles, vins, etc. Le tout est envoyé à Lille.

Nouveau décret du gouverneur-général de Reims ordonnant aux maires qui, avant l'arrivée des troupes allemandes, auront procédé au désarmement, de dresser sans délai un inventaire des armes rentrées et de l'envoyer à la préfecture. — Circulaire du préfet de l'Aisne enjoignant aux maires qui n'ont pas strictement exécuté le décret du 6 octobre sur le désarmement, de s'y conformer sous peine de sévères punitions pour la commune en cas de contravention.

Dimanche 13. — A six heures du matin, une forte partie de la garnison de Laon quitte la ville sous le commandement du colonel de Kalhden. On avait dit à ces soldats qu'on les renvoyait en Allemagne ; ils étaient heureux. Ils quittent Laon par la route de Soissons. Tout à coup, ils se jettent à droite sur la route de La Fère. En passant à Crépy, ils s'emparent de M. Belseur, maire, qu'ils forcent à les suivre et à porter à La Fère sommation de se rendre. Refus du commandant Planche. A la nuit, les Prussiens rentrent à Laon. Quand on questionne les soldats sur leur voyage, ils refusent de répondre. Cependant, quelques-uns parlent de La Fère. Par geste, ils font comprendre que la place est inondée. Le nom de *garde mobile* est aussi dans leur bouche ; mais ils font signe qu'on n'a pas tiré.

Un premier bataillon venant de Metz loge à Laon.

Une locomotive arrive de Reims dans la gare de Laon pour essayer la voie.

L'*Echo du Nord*, qui parvient à Laon, sait maintenant que l'armée qui descend de Metz a pour objectif Amiens, Rouen et Lille ; mais il discute ce plan. Le Nord ne peut être menacé au moment où un succès important, la reprise d'Orléans le 10, vient d'être remporté sur la Loire et où Paris se prépare à une sortie vigoureuse. Quel intérêt l'ennemi aurait-il à détourner une partie de ses forces vers un but dont l'intérêt est discutable ?

Au nombre des faux-bruits qui inondent la ville de Laon, il faut compter celui-ci. Des francs-tireurs méridionaux, dit-on, et qui sont en grand nombre à La Fère (2,000 ?) ont, avant-hier vendredi, 11 novembre, surpris, aux environs de la

Cense-d'Avin, une patrouille de dragons à qui ils auraient tué une trentaine d'hommes.

(Il n'y a jamais eu à La Fère que de très-peu nombreux francs-tireurs : 1° la compagnie arrivée d'Amiens vers le 15 septembre et composée d'environ soixante dix hommes, sous le commandant Delassus ; c'est celle qui fit le coup de main de Mailly. Indisciplinée, libre de toute attache avec l'autorité militaire , agissant dans la plénitude de son initiative, elle a laissé de tristes souvenirs à La Fère. Il faut placer à part son capitaine qui était ardent patriote, bon tireur, convenable de tous points et fort désolé de la conduite de la plupart de ses hommes qu'un jour il dut traiter fort mal sur la place publique de La Fère et qu'enfin il congédia. — 2° Une autre compagnie d'une trentaine d'hommes appartenant au pays, qui, sous le commandement du lieutenant Warluizel, garda la voie, éclaira la place à quelque distance et rendit quelques services jusqu'à la capitulation. — 3° Enfin la compagnie de Boulogne, comptant deux capitaines, un lieutenant, deux sous-lieutenants et quatre-vingt-quinze combattants bien armés, bien disciplinés, braves, tous jeunes, fut très-remarquée par son attitude et son courage. Elle fit de nombreuses sorties pendant l'investissement, ravitaillant la place, ramenant des provisions, des bestiaux, réquisitionnant dans les communes voisines et allant même, un jour, jusqu'à Crépy, faire des prisonniers... français, parmi lesquels M. Gain, adjoint.)

Lundi 14. — La gare de Laon, maintenant en rapport avec Reims, est transformée en un vaste magasin pour l'approvisionnement des troupes allemandes dans le Nord.

Aujourd'hui se réunissent à Laon tous les maires du canton pour délibérer sur les moyens pratiques de payer les trois douzièmes de la contribution que les Prussiens veulent toucher à la place du gouvernement français. Une commission, conduite par M. de la Tour-du-Pin, maire d'Arrancy, est chargée de faire une démarche auprès du Préfet qui les reçoit avec courtoisie, mais ne leur laisse en aucune façon espérer que les exigences seront amoindries. Il promet de la bienveillance et des délais. Au retour, on discute sans s'entendre sur une action d'ensemble qui est impossible. On laisse à chaque commune le soin de prendre un parti.

Le commissaire de l'administration des contributions de Reims déclare aux maires, par la voie du *Moniteur* prussien, que les nombreuses réclamations à lui adressées « ne sauraient être prises en « considération ; qu'il est impossible d'accorder aucune réduction ; que les maires sont priés de s'abstenir d'envoyer « des réclamations qui resteront sans « réponse, et qu'en cas de refus réitérés, « les poursuites militaires seront inévitables. »

Nomination de **M.** Delière , ancien rédacteur d'un des journaux de Saint-Quentin et sous-préfet provisoire de Vervins, aux fonctions de secrétaire général de la préfecture de l'Aisne, et de M. Parmentier, ancien notaire et maire du Nouvion, comme sous-préfet de Vervins.

Une grande partie de la population de Château-Thierry, le maire et les notables en tête, conduit à sa dernière demeure le sergent-major Grant frappé à mort à la sanglante affaire du Bourget. Un détachement prussien rend les honneurs militaires. Ce sont des soldats prussiens qui portent le cercueil du brave militaire tombé au champ d'honneur.

Mardi 15. — Réunion dans tous les villages pour les contributions. Emoi dans le pays.

Le commandant de place de Laon, colonel de Kalhden, part pour l'armée qui opère autour de Chartres.

Le bataillon arrivé dimanche matin à Laon, part sans bruit pour La Fère et de bon matin. On dit que l'artillerie destinée au siége va passer avec un corps de 5 à 6,000 hommes. On ne voit rien venir. On a entendu plusieurs détonations de deux heures à trois heures dans la direction de La Fère. Le soir, on dit à Laon que des francs-tireurs auraient défait l'avant-garde prussienne entre Fourdrain et Laon ; que 4,000 francs-tireurs seraient entrés dans La Fère en même temps que le capitaine de frégate Planche. D'autres parlent de 4,000 canonniers-marins. Il faut se défier de tous ces on-dit.

Ce qui est certain, c'est que l'investissement de La Fère n'est point complet encore, car une dépêche de cette ville parvient à Tours. Cependant, tous les villages à l'ouest de La Fère sont déjà occupés. A Travecy, Fargniers, Beautor, etc., l'ennemi est partout en mouvement et prenant ses positions, coupant les routes, abattant des arbres, creusant des fossés pour abriter ses tirailleurs.

Le premier train prussien entre à la gare de Laon.

De nombreuses troupes allemandes passent à Soissons. Les officiers annoncent qu'ils marchent sur La Fère et doivent s'emparer du chemin de fer à Tergnier.

Le général Manteuffel, commandant en chef de l'armée qui va opérer dans le Nord, quitte Reims et arrive à Soissons.

Un avis de Coucy-le-Château signale l'approche d'un corps de 8,000 hommes.

Le sous-préfet d'Avesnes, revenant sur la rigueur de ses premiers arrêtés, autorise les négociants de l'arrondissement d'Avesnes à fournir librement à leurs clients de l'arrondissement de Vervins des vins et spiritueux. Toute expédition de marchandises suspectes pourra cependant être arrêtée.

Le n° 8 du *Moniteur* prussien de Reims défend aux maires et commissions municipales d'obéir aux ordres du gouvernement national de Tours et de Paris. Des maires objectent qu'ils risquent d'être poursuivis aux termes des proclamations « que le double gouvernement répand à « profusion. » Le *Moniteur* les rassure en leur affirmant que « tous les traités de « paix de ce siècle, ainsi celui de Paris « du 30 mai 1814 et celui de Prague de « 1866, contiennent des stipulations spé- « ciales et garantissent tous citoyens « contre les poursuites relativement à « leur attitude pendant la guerre. »

Dans le nord du département, les fabricants de sucre se plaignent énergiquement de l'interruption des voies de communication par la destruction des ponts et la coupure des routes, mesures qui n'ont pas un instant entravé la marche de l'ennemi, mais n'ont fait que gêner et ruiner l'industrie et la culture déjà si éprouvées. Démarches près de M. Testelin qui donne des ordres pour le rétablissement de la circulation sur le canal de la Sambre à l'Oise, et la réparation des ponts.

Mercredi 16. — Le matin, d'assez bonne heure, on entend, à Laon, une canonnade assez forte du côté de La Fère. Le bruit dure jusqu'assez avant dans l'après-midi. C'est la place qui tire sur Charmes occupé, dit-on, par l'état-major prussien et sur Andelain où l'ennemi se montre en force et semble annoncer l'intention d'établir des batteries. L'ennemi ne répond pas. Son artillerie n'est pas encore arrivée. La place est investie complètement. Outre Charmes et Andelain, les Allemands sont maintenant à Danizy, Fressancourt, Monceau-lès-Leups. 7 à 8,000 soldats occupent les villages de Tergnier, Fargniers et Quessy. Première sortie par les francs-tireur, soutenus par la garnison.

Près de cent voitures de réquisition chargées de provisions et de munitions pour le siège de La Fère, arrivent de Soissons à Laon.

Diverses rumeurs circulent dans cette dernière ville. On parle d'une grande sortie qui aurait eu lieu à Paris. Les uns affirment que 200,000 hommes auraient percé les lignes ennemies et donneraient la main à l'armée de la Loire. Les autres se contentent d'affirmer que la sortie aura lieu bientôt. La physionomie de la garnison prussienne est, d'ailleurs, aussi calme et placide que d'habitude. D'une autre part, on semble espérer que l'armée du Nord, commandée par Bourbaki, s'apprête à opérer dans nos contrées avec l'intention de reprendre Laon.

Jeudi 17. — Continuation de l'agitation causée dans les campagnes par la certitude qu'on n'échappera point au paiement de la contribution de guerre. Les maires, peu faits à la vraie vie municipale qui s'implante ainsi brusquement et dérange leurs habitudes somnolentes, en les forçant à agir et à endosser une responsabilité sérieuse, réunissent les habitants. La situation est claire et parle haut. Paiera-t-on ou ne paiera-t-on pas? Là est toute la question. Si l'on se résout à ne pas payer, il faut se lever en masse, résister, ou encore accepter la possibilité de la contrainte *manu militari*, par la violence et la ruine. Si l'on paie, il faut que chacun se dise que sa part dans cette contribution forcée, ou plutôt dans cette réquisition d'argent par le vainqueur, car c'est une réquisition comme celle de l'avoine, de la paille, des fourrages, des bestiaux, des transports, est la représentation d'une assurance sur sa maison, sur sa vie, sur sa sécurité.

Partout on se résigne à payer. Ici on emprunte. Là on établit une contribution forcée. Là où il y a des deniers communaux disponibles (le cas est rare), on en dispose. Généralement, on convient que le maire percevra par l'intermédiaire de l'instituteur toutes les contributions d'octobre et de novembre multipliées par trois, et qu'un premier versement sera fait sans retard. On remet à décembre la résolution à prendre sur les sommes non reçues, les non-valeurs et la perception du dernier douzième à courir par des moyens qu'on trouvera et débattra plus tard. Qui sait? Le sort tournera peut-être en notre faveur, et on sera délivré au mois de janvier, car la paix ne peut tarder.

Vers dix heures, une canonnade s'entend dans la direction de La Fère. On dit qu'un camp prussien est établi dans la forêt de Saint-Gobain.

Arrestation à Laon d'un jeune homme appartenant à une famille originaire de Pologne et qui aurait engagé des soldats polonais de passage à déserter. On saisit chez lui un revolver. Il est condamné à un mois de prison.

200 mineurs et 60 chevaux prennent possession du chemin de fer de Reims à Laon; ils vont le réparer et fortifier, dit-on.

Le soir, on amène à Laon un officier supérieur prussien tué devant La Fère, et aussi un certain nombre de blessés. On parle d'une sortie du côté de Tergnier. L'ennemi a là quelques travaux en avant de Danizy, et occupe le polygone, la ferme de Montfrency.

Il circule toujours des bruits d'un grand succès à Paris. Versailles aurait été repris, et de cette ville l'état-major prussien aurait dû rétrograder à Château-Thierry, d'autres disent à Compiègne. D'autres mêmes affirment qu'il est à Reims où l'on a vu M. de Bismark. On dit aussi que Bourbaki s'est avancé jusqu'à Tergnier où l'on se bat, et d'où il va faire une démonstration sur La Fère. Les journaux de Reims et de Vervins affirment que l'ennemi s'empare des paysans et les force à creuser des tranchées pour détourner l'inondation de l'Oise.

A Saint-Quentin, grande réunion au Cirque et on nomme six délégués qui se rendront auprès de l'administration municipale pour lui porter l'expression du patriotisme de la population et réclamer la levée en masse. Protestation de deux délégués dans les journaux ; ils n'acceptent pas ce mandat ; l'un d'eux même déclare que « la manifestation est plus nuisible « qu'utile dans les circonstances qui pè- « sent sur la ville. »

La marche des trains est de plus en plus difficile à Château-Thierry où les convois arrivent avec peine. Le service d'approvisionnement de l'armée d'investissement de Paris souffre beaucoup de la descente sur l'Allemagne de trains nombreux de blessés et de malades atteints du typhus et surtout de dyssenterie.

Vendredi 18. — Le 8ᵉ corps d'armée, commandé par le général von Goeben, a son quartier général à Fismes et son avant-garde occupe les villages autour de Soissons.

A l'improviste, les villages de la vallée de l'Ailette, Chamouille, Pancy, Colligis, etc., s'emplissent de cavalerie, dont deux escadrons s'avancent jusqu'à Laval. Par Festieux, une division de lanciers, de dragons et de cuirassiers arrivent à Veslud, Parfondru, Bruyères, Vorges et Presles, venant de Reims par Neufchâtel, Corbeny et Craonne.

Une colonne d'artillerie a passé à Festieux, se dirigeant sur La Fère, par Athies, Chambry, Aulnois.

Un paysan des environs de La Fère raconte (c'est un faux bruit de plus,) que dans une sortie de la garnison, sur le faubourg Notre-Dame, les mobiles ont fait hier une retraite simulée, démasquant des mitrailleuses et des canons qui ont fait subir une perte considérable à l'ennemi. Il n'y a pas eu de sortie, partant pas de combat. Le canon de La Fère s'est fait moins entendre aujourd'hui ; cependant, une maison a été incendiée à Danizy, et le feu a aussi éclaté à Andelain. Un obus traverse la toiture de la distillerie de M. Ancelin et éclate au-dessus de la table où dînent des habitants de la maison et des Prussiens, dit-on, mais sans blesser personne.

Décidément, Bourbaki, général en chef de l'armée du Nord, s'est démis; il est nommé au commandement du 18ᵉ corps d'armée à Nevers. Il remet le service au général Farre et prend congé de son armée par un ordre du jour où il constate les résultats importants qu'il a obtenus.

Explosion à Soissons d'un paquet de cartouches pris par un homme employé à la caserne par les Prussiens. Condamnation à quinze jours de prison et proclamation du commandant de place avertissant que « le retour de semblables faits « aurait, pour la ville, les plus fâcheuses « conséquences. »

Le service du chemin de fer entre Chauny, Tergnier et Saint-Quentin, est supprimé. La voie entre Amiens et Ham est coupée pour la troisième ou quatrième fois.

Ordonnance du premier président de la Cour d'Amiens, qui renvoie au 28 novembre le tenue de la session des assises qui n'a pu avoir lieu le 7.

Samedi 19. — Appel de Mgr l'évêque de Soissons en faveur des nombreux malheureux de la ville.

Le général Manteuffel et son état-major, 100 officiers et 500 cavaliers, entrent à Soissons en même temps que trois bataillons de passage. La ville est écrasée de logements.

La *Gazette de Cambrai* annonce à tort qu'un corps prussien d'environ 10,000 hommes s'avance vers Landrecies par Guise. Il n'y a pas encore d'ennemi dans l'arrondissement de Vervins. Les communes ont reçu l'ordre de couper les routes.

Un convoi immense de voitures et d'ambulances est brusquement annoncé à Laon, arrivant par Festieux et Bruyères. Il amène aussi de l'artillerie qui forme deux parcs à Ardon et à Saint-Marcel. On remarque beaucoup de voitures, de chevaux et de harnais français. Ce convoi est escorté par trois mille hommes d'infanterie et quelques cavaliers.

Combat de Vouël, près Tergnier, entre les 7e et 11e compagnies de volontaires de la Somme, une compagnie de mobiles du Gard, en tout environ huit cents hommes avec quatre canons, et quatre cents Prussiens retranchés dans le village. Les Français s'engagent sans précautions dans les rues et sont fusillés à bout portant par les fenêtres de chaque maison. Il faut se retirer en laissant quelques prisonniers. Le capitaine Petit, des volontaires d'Amiens, est blessé mortellement, en essayant, du haut d'un caisson sur lequel il est monté, de remettre un peu d'ordre parmi ses soldats dont plusieurs sont blessés. Le journal *la Vérité* se croit en droit de dire de cette échauffourée : « Là, « comme ailleurs, il y a eu ineptie, dé- « faut d'organisation, manque total de « surveillance. En un mot, on a été sur- « pris et on s'est *replié*. » Le même jour-. nal traite durement les mobiles du Gard. Là, comme ailleurs, encore, s'étant fait battre, on crie à la trahison et on accuse le maire de Vouël d'avoir caché aux Français que les Prussiens occupaient en force le village.

Une autre colonne, aussi venue d'Amiens et sortant de Ham, comme la précédente, sous le commandement du lieutenant de vaisseau Krafft, des volontaires de la Meuse, rencontre, à Mennessis, l'ennemi marchant sur Liez et est de même obligée de reculer.

Le mouvement des Prussiens, qui ont à Quessy beaucoup de monde, se prononce vers le Nord. Des uhlans se présentent aux portes de Ham qu'ils sont au moment de surprendre, grâce au peu de vigilance de la garde qui veille, ou plutôt ne veille pas sur le fort.

Dimanche 20. — Le grand convoi quitte Laon et se dirige vers Saint-Gobain par Molinchart.

De nouvelles troupes arrivent sans cesse à Laon, même pendant la nuit. Elles campent sur les routes, dans les champs, autour de feux énormes qu'elles alimentent avec les bois qu'elles trouvent tout coupés, les arbres et les haies qu'elles abattent. Le lendemain, tout ce monde a disparu par la route d'Anizy, ne laissant d'autres traces que les cendres et les charbons des bivouacs. La nuit, il a passé par Laon de l'artillerie dont on a entendu le bruit sourd et pesant.

Une forte colonne de cavalerie débouche par la vallée de l'Ailette et prend gîte à Lizy, Anizy, etc. La discipline est toujours très-sévère. Un cavalier qui a eu une dispute avec un habitant auquel les premiers

torts paraissent être dus, est attaché à une roue de voiture pendant plusieurs heures.

Un habitant et le curé de Quessy sont arrêtés par les Prussiens qui font le siége de La Fère et retenus jusqu'au lendemain.

Dans plusieurs autres communes, d'autres personnes sont encore mises en arrestation : MM. Dauge, ex-notaire à Vendeuil ; Cornu, d'Hamégicourt, etc.

A Laon aussi, on a vu amener des prisonniers civils qu'on relâchait bientôt ; ainsi une femme de la campagne qui, employant une locution proverbiale chez nous, avait dit qu'elle ne voulait pas travailler pour le roi de Prusse, c'est-à-dire pour rien.

On transforme la salle d'assises du tribunal de Laon en temple protestant. On avait d'abord demandé l'église St-Martin qui fut refusée. Le service est célébré pour la première fois en présence d'une grande quantité de militaires allemands.

Dans une note officielle, le *Moniteur*, qui s'imprime à Tours, blâme durement la proclamation publiée par la municipalité de Soissons à l'occasion du coup de feu tiré, la nuit du 26 octobre, sur la sentinelle de la petite caserne à Soissons, proclamation signée par des notables « dont « aucun acte ne constate que leurs signa- « tures aient été surprises ou supposées. » Au nom de la municipalité indignée, le *Progrès de l'Aisne* proteste énergiquement contre l'auteur de la note qui ose traiter « d'auxiliaires et de porte-paroles de l'en- « nemi, » les honorables membres de la commission, et ce journal ajoute avec raison : « Le Français tue ou se fait tuer sur « le champ de bataille ; mais il n'assas- « sine pas, n'en déplaise au pamphlétaire « du *Moniteur*. »

Aujourd'hui et hier, un corps d'environ 12,000 hommes traverse Chauny avec vingt-cinq pièces d'artillerie. Il paraît se diriger sur Ham et Amiens. On attend Manteuffel dans la semaine.

On évalue le nombre des troupes ennemies marchant entre Reims, Laon, Saint-Quentin, vers Beauvais et Amiens, à environ 60,000 hommes. Leur intention est d'étendre leur ligne d'occupation jusqu'à Rouen, après s'être emparés de la Picardie, et dans le but d'immobiliser Bourbaki dans le Nord, en réduisant son armée à l'impuissance.

La place de La Fère a beaucoup tiré, ce matin.

La colonne, qui a si malheureusement opéré du côté de Tergnier, rentre à Ham ramenant quelques cavaliers prussiens qu'elle a pris dans les environs de Flavy-le-Martel.

Lundi 21. — Une dépêche officielle de Versailles, publiée par les journaux de Reims, constate l'échec de la démonstration à Vouël. Elle dit qu'une reconnaissance de la place de La Fère, faite à peu près au même moment, a été également refoulée.

Des cantonniers des environs de Montescourt sont faits prisonniers par un détachement de soixante éclaireurs prussiens (uhlans) qui se présentent devant Saint-Quentin. On dit qu'ils sont à la recherche des francs-tireurs et qu'ils explorent plusieurs villages du canton de Vermand. On en a vu aussi à Etreillers et Marteville.

Bohain devient tête de ligne sur le Nord.

L'autorité allemande force les notables de Château-Thierry d'accompagner chaque train; on les place sur la machine. Le greffier du tribunal de cette ville court des dangers sérieux par la maladresse d'un conducteur prussien.

Des directions de poste prussienne sont établies à Berry-au-Bac, Festieux et Urcel. Le service de la poste prussienne, qui fonctionne, dit-on, avec une admirable régularité pour les troupes allemandes, ne dessert point aussi bien les intérêts civils. Retards énormes. Souvent lettres ouvertes, journaux n'arrivant pas.

La place de La Fère tire presque incessamment. Elle a eu en vue et a canonné une colonne ennemie sortie de Travecy et se dirigeant sur Tergnier avec un convoi de munitions.

A onze heures du matin, on amène à Laon dix-sept prisonniers dont treize mobiles, deux francs-tireurs et deux paysans qui essayaient, dans les environs de La Fère (Versigny ?) de couper le chemin de fer.

Scène de nuit et presque du moyen âge. A onze heures du soir, la ville de Laon est prévenue qu'une division entière va monter en ville. Un agent parcourt les rues, une cloche à la main, et crie son avis. On sonne aux portes des habitants qui, supris dans leur premier sommeil, sortent à demi-vêtus et apparaissent tout effarés aux portes et aux fenêtres. On croit à une émeute militaire. On s'agite. On court partout pour trouver et acheter des provisions. A minuit, personne. Rien à une heure du matin. A trois heures, beaucoup sont encore sur pied. On avait préparé, dans un hôtel, un dîner pour le général. Le dîner reste là. Mais les faubourgs sont pleins de troupes qui envahissent les maisons de nuit. Ceux qui ne doivent recevoir que quatre cavaliers en ont vingt. Il faut déloger à la hâte ses

bestiaux pour loger les chevaux. Les soldats, fatigués, affamés, raides de froid, exigent sur l'heure du feu, des vivres, des lits. C'est la première fois que l'on a à se plaindre de mauvaise humeur et de quelques mauvais traitements.

Mardi 22. — La ville de Laon est pleine d'anxiété. On parle vaguement de Bourbaki, de la possibilité de sa venue prochaine et de luttes dans nos contrées. Est-il, d'ailleurs, de force à se mesurer avec l'armée d'au moins 60,000 hommes qui a traversé notre département ?

Toute la journée, le chemin de fer verse à la gare de Laon des troupes de toutes armes. Dans la ville, c'est une confusion inextricable. On annonce encore des arrivages pour la nuit. Les villages voisins sont pleins de cavalerie et d'artillerie.

Arrivent à Laon des cultivateurs des environs de La Fère, forcés, dit-on, d'abandonner leurs fermes dans l'une desquelles a éclaté un commencement d'incendie allumé par un obus de la place.

On a dirigé sur Reims les mobiles, francs-tireurs et paysans surpris hier coupant la voie ferrée. Va-t-on leur appliquer dans toute sa rigueur l'ordonnance contre ceux qui détruiront canaux, chemins de fer, télégraphes ? Et que sont devenus ces malheureux dont on n'a plus entendu parler ?

Les Prussiens annoncent que leurs armées ont remporté de grands succès sur la Loire ? Nous trompent-ils ?

Forte canonnade du côté de La Fère dans l'après-midi.

Mercredi 23. — Rien de La Fère. On dit qu'un grand camp est formé à Saint-Gobain. Des voyageurs, qui arrivent par la forêt, prétendent, au contraire, qu'elle est tout à fait libre. D'autres prétendent que les voitures sont arrêtées.

Le chemin de fer amène, à chaque instant, des troupes venant de Reims et marchant sur le Nord. La ville entière de Laon est livrée à un mouvement incessant et désordonné. On parle encore d'arrivages pour la nuit, et il faut que tous veillent et préparent des vivres, sans savoir si les soldats arriveront.

Jeudi 24. — On saisit, dans les journaux de Saint-Quentin, des preuves de l'agitation des esprits après le départ des Prussiens. L'aigreur, la défiance, les mauvais sentiments sont partout. Les conversations sont dangereuses. Les mots n'ont plus leur signification habituelle. On se prodigue des accusations dont on serait honteux si les circonstances ne comportaient et n'expliquaient les suspicions et les doutes. Le *Courrier de Saint-Quentin* accueille les réclamations d'un citoyen accusé « d'avoir fourni des renseignements à l'ennemi. »

Blocus de St-Quentin par le sous-préfet de Cambrai. Son arrêté porte : « Considérant que les Prussiens ont occupé de nouveau Saint-Quentin ; que des Français, traîtres à la patrie, n'ont pas craint d'y envoyer des bestiaux en telle quantité que cette ville est devenue le centre d'approvisionnement des Prussiens ; que des denrées alimentaires y arrivent de tous côtés, » tout individu qui tentera d'introduire des bestiaux et des denrées alimentaires à Saint-Quentin sera poursuivi avec la dernière rigueur ; toute autorisation sera refusée, et les maires, avec le concours des gardes nationaux, devront exercer de nuit et de jour la surveillance la plus stricte sur les routes.

Plaintes amères du *Glaneur* contre le sous-préfet de Cambrai « notre ami et ancien confrère. » Encore un journaliste ! Non, Saint-Quentin ne reçoit pas de bestiaux et de vivres, « et la population ouvrière a déjà bien de la peine à se suffire « par ce temps de chômage et de stagnation, » sans qu'on l'affame à l'aide d'une pareille mesure. D'ailleurs, Saint-Quentin n'a pas été occupé ; on n'y a vu, la semaine passée, que des uhlans en quête de francs-tireurs.

Ce jour-là même, vers midi, plusieurs dragons prussiens entrent à toute bride dans l'intention d'interdire le départ du train qu'ils croient emportant des soldats vers le Nord. Le train se met en marche, pendant qu'on ferme la barrière devant eux.

Un énorme convoi, couvrant cinq à six kilomètres de la route de Reims à Laon, passe à Vaux et sous Saint-Vincent, se dirigeant sur Chivy.

L'état-major de Manteuffel est porté à Compiègne.

Les troupes annoncées à Laon depuis deux jours arrivent seulement. On dit que les francs-tireurs des Ardennes auraient coupé la voie entre Mézières et Rethel.

Il arrive des blessés prussiens de La Fère. Un pharmacien de Laon a reçu réquisition d'un kilogramme de chloroforme.

Les Prussiens annoncent, à Laon, que le bombardement de La Fère commencera demain vendredi. Un habitant de Fourdrain prétend que leur artillerie n'est pas prête encore ; ils travaillent toujours aux tranchées et terrassements.

Première bataille de Villers-Bretonneux

en avant d'Amiens ; les Prussiens, qui ne sont pas encore en force, reculent jusqu'à Roye.

Vendredi 25. — A sept heures et demie, le bombardement de La Fère commence. La place s'attend à être attaquée du côté de Charmes et d'Andelain. Erreur. Le feu part des hauteurs de Danizy. Les Prussiens y travaillaient cependant activement depuis quelques jours, et la place, qui n'a jamais fait de reconnaissances sérieuses, qui n'a pas d'espions, ne l'a su que trop tard. Dans la nuit, tout un rideau de peupliers qui cachent les batteries tombe sur la prairie, et trente-six pièces de gros calibre, placées quelques-unes au polygone, la plupart au coin du vieux parc de Danizy, environ à 12 ou 1,300 mètres de la place, vomissent brusquement sur la ville une grêle de bombes et d'obus, sans que la sommation habituelle ait été faite par l'assiégeant. Les premiers projectiles éclatent sur le quartier, au milieu des mobiles qui s'habillent à la hâte, courent en désordre et se sauvent, laissant trois ou quatre morts et plusieurs blessés sur le carreau ; l'un d'eux a les jambes coupées. Sur la place des manœuvres, dans la grande rue, des obus pénètrent dans les maisons, brisant toitures, entrefends, plafonds, mobiliers, tout enfin. Vers neuf heures, le magasin à fourrage prend feu.

Jusqu'à midi, les projectiles ont pour but les casernes d'artillerie, dont les magnifiques bâtiments s'effondrent successivement. L'incendie s'y allume partout. A deux heures, les écuries et une portion des casernes sont dévorées par les flammes. Elles éclatent aussi dans quelques maisons de l'Esplanade. Le pignon qui regarde Danizy est éventré par de nombreux projectiles dont un certain nombre, lancés avec une incroyable justesse et frappant tous dans un espace très-restreint de la muraille, y causent des brèches énormes avant d'éclater à l'intérieur. Le front qui, de ce côté de la place appelé le Petit-Polygone, n'est armé que de quatre pièces servies par une soixantaine d'anciens canonniers qui habitent La Fère et qui ont offert leurs services volontaires, ne peut répondre qu'insuffisamment, ses deux principales pièces ayant été promptement atteintes juste en pleine âme, et les embrasures ayant été ruinées de suite. Cependant, cette batterie, dite *des Vieux*, tira une partie de la journée. Celle qui couvre la gare avait aussi essayé de canonner Danizy. Elle était servie par une compagnie d'artilleurs mobiles de l'arrondissement de Vervins qui montrèrent beau-

coup de courage et eurent quelques blessés, notamment leur capitaine, M. Dujar-
din, de Guise. Un d'eux, brûlé au village,
faillit perdre la vue. La batterie établie à la
porte sur St-Quentin et desservie par les
artilleurs mobiles de Soissons, tiré par-
dessus la ville, mais sans résultat. Sur
trente pièces de la grande batterie de la
gare, six seulement purent répondre à
l'épouvantable feu des Prussiens, et à la
batterie *des Vieux*, derrière le quartier,
quatre pièces sur dix. Le dernier coup de
canon de la place fut tiré, vers une heure
du matin, par la batterie *des Vieux* qui
eurent trois blessés. Le nombre des morts
dans la ville est relativement peu important et doit même étonner, si l'on se dit
qu'il a été lancé sur La Fère au moins
3,000 obus et bombes, dont quelques-unes
contenant du pétrole, dit-on. Trois personnes périrent dans ces deux jours, deux
enfants et un clairon des pompiers, dont
la femme fut blessée. On compte quelques
blessés aussi, notamment un habitant qui
dut souffrir l'amputation d'une jambe.

Les habitants se sont retirés dans leurs
caves avec les mobiles, les remparts man-
quant absolument de casemates. Les artilleurs s'abritent contre les parapets.
Pendant la nuit, il est impossible aux soldats de placer en batterie de nouveaux
canons, de réparer les embrasures, de remettre le matériel en état, comme l'ordre
en a été donné, tant le feu des assiégeants est continu et terrible.

Le soir, une partie des habitants fait
une démarche auprès du commandant
Planche qui siége à l'arsenal avec le
conseil de défense. Ils parlent de leurs
existences menacées, de leurs maisons
écroulées et incendiées, plus de vingt sont
atteintes, et de l'impossibilité de la résistance. Après une assez longue discussion,
refus de se rendre à leurs supplications.

La ville est couverte de fer. Les bombes qu'elle a reçues viennent de Soissons
et ont été lancées avec nos mortiers.

Les remarques faites à Laon montrent
les phases diverses du bombardement
de La Fère et de son intensité. Jusqu'à
dix heures du matin, les détonations sont
pressées et incessantes. Après une interruption de quelque durée, le feu reprend vers deux heures avec moins de
violence ; c'est que la place ne parle presque plus. Le soir, par un horrible temps
de brume et de pluie, les détonations
semblent plus sourdes et plus lointaines.
On aperçoit dans l'air les fusées qui éclatent en précédant la bombe ; vers trois
heures de l'après-midi, une épaisse fumée
s'élevait au-dessus de La Fère.

Il semble qu'à Laon les Prussiens prennent des précautions contre une attaque;
ils condamnent les portes qui donnent
sur les promenades.

Il passe encore des troupes. Les villages de la montagne, depuis Veslud jusqu'à Vorges, ceux de la vallée de l'Ailette
en sont pleins. Grands convois aussi. Il
paraît, c'est heureux, que c'est le dernier flot de l'inondation.

A Laon, on se fait illusion sur le sort
de La Fère. On dit que cette ville a non-
seulement bien riposté, mais qu'elle a eu
l'avantage dans ce combat terrible d'artillerie , que les batteries ennemies sont
embourbées , qu'une sortie a détruit les
ouvrages des assaillants.

Le soir, vers quatre heures, six cents
douaniers du département du Nord, venant de Vervins et commandés par un
officier qui prend le titre de commandant
d'un bataillon de l'avant-garde de l'armée
du Nord, se présentent au domicile de
M. Martin, maire de Rozoy et membre du
Conseil général, et le forcent, sous peine
d'être immédiatement fusillé, à lui remettre
26,464 francs qu'à titre de maire du chef-
lieu, il a touché des maires de vingt
communes du canton à valoir sur les
trois douzièmes de contributions levées
par les Prussiens. Ils s'emparent aussi
de fusils déposés à la mairie et repartent
pour Vervins où déjà se sont réunies
quelques troupes françaises.

Un ballon passe au-dessus de Saint-
Quentin pour aller tomber à Louvain. Il
était monté par un des deux frères de
Fonvielle.

Il paraît que « plusieurs demoiselles »
de Saint-Quentin, trouvant que les hommes ne partent pas assez vite pour la
guerre, demandent à se lever en masse
pour repousser l'invasion. Le *Glaneur*
pense que rien ne serait plus gracieux
qu'un escadron de saint-quentinoises allant débloquer La Fère et s'offrant aux
coups de l'ennemi. Sans doute il ferait
à l'ennemi des blessures dont celui-ci
garderait le souvenir ; mais le *Glaneur*
craint pour ses jolies compatriotes certains inconvénients tels que cette sur-
prise dont un beau jour, ou plutôt une
belle nuit, les Amazones furent victimes.
On est toujours Gaulois, quoique vaincu.

Un décret ordonne la création immédiate de camps pour la concentration et
l'instruction des gardes nationaux mobilisés par le décret du 2 novembre, des
mobiles et corps-francs. Le camp assigné
au contingent du département de l'Aisne
sera établi à Saint-Omer.

Samedi 26. — Il fait depuis le matin
un brouillard d'une intensité extraordi-

-naire, qui se résout enfin en une pluie serrée.

Le bombardement de La Fère se pour-suit pendant toute la nuit et pendant toute la matinée. A Laon, on signale les der-niers coups vers midi.

Continuation des bruits favorables à La Fère : les batteries ennemies ne tire-raient plus que mollement.

C'est la place, au contraire, qui demande à capituler. Vers dix heures, M. de Saint-Guilhem, capitaine du génie, précédé d'un trompette, fait sonner au parlemen-taire ce demi-appel qui fait toujours cesser le feu. La sonnerie n'est pas en-tendue et, par l'épais brouillard, le dra-peau blanc n'est pas aperçu. Continuation du feu ; il cesse enfin.

Presque au dernier moment et pendant que l'on parlemente, un incendie se dé-clare à l'hôtel de l'*Europe*.

Un parlementaire prussien est intro-duit en ville. Longue discussion. On dit parmi les habitants que l'ennemi exige une contribution de guerre et veut qu'on lui livre les francs-tireurs sans condition.

La population se porte à l'hôtel où siége le conseil de défense et attend avec anxiété. Enfin le commandant Planche vient annoncer qu'on est d'accord. Vers quatre heures, la place se rend avec son armement et ses approvisionnements de toutes sortes. La garnison est prisonnière de guerre. Les officiers ont le choix de partir avec elle pour l'Allemagne ou de rester en France libres sur parole. Mal-gré la sévérité des Prussiens vis-à-vis des francs-tireurs, ceux de Boulogne et de La Fère sont, sur l'insistance énergique du conseil de défense, compris parmi les prisonniers de guerre et garantis contre toute mesure de rigueur.

En raison de la résistance *«résignée»* de la ville eu égard à sa faible position, et des dégâts qu'elle a soufferts par le bombar-dement, elle est exempte de toute contri-bution de guerre, et les Prussiens s'enga-gent « à la traiter aussi favorablement que possible. »

Proclamation de la commission muni-cipale exhortant la population au calme et à la dignité. Il ne faut pas qu'en pré-sence du deuil de la patrie et du malheur de la ville, l'exaspération de l'insuccès amène des désastres plus grands.

Avant la capitulation, la plupart des canons sont encloués, les armes brisées, les poudres noyées dans l'Oise. Pendant qu'on débat les conditions de la reddition, un certain nombre de mobiles d'Arras, quelques artilleurs de l'Aisne et plusieurs francs-tireurs s'échappent par la porte Saint-Firmin et s'évadent du côté de Beautor, Condren, Achery, Travecy. On dit, c'est une erreur, que quatorze ou quinze d'entre eux, sont tombés sous les balles prussiennes aux environs soit de Beautor, soit de Versigny.

Le général Zglinistky et les Prussiens, musique en tête, entrent en ville. Désar-mement. Un habitant chez qui l'on trouve un vieux fusil, est arrêté et menacé de mort. Un ancien officier est violemment dépouillé d'armes qui sont un souvenir de famille.

Un voyageur, arrivant de Vervins à Laon, affirme que dans la première de ces deux villes, il a vu affichée une dépêche annonçant un grand succès à Paris.

A six heures du soir, on a, à Laon, la première nouvelle, encore douteuse, de la reddition de La Fère.

Le maire de Laon reçoit du préfet prus-sien injonction d'avoir à faire accompa-gner par un notable chaque train qui part pour Reims. M. Vinchon répond par une protestation très digne, qu'il réitère de vive voix en présence du préfet. S'il faut se soumettre, il partira le premier avec le train de lundi. Le conseil municipal s'inscrit sur la liste des ôtages.

Un instituteur des environs de Mont-cornet, soupçonné de connivence avec l'ennemi, est amené à Avesnes et envoyé à Lille.

Un corps d'armée, comprenant deux divisions et demie, traverse Soissons.

Le sous-préfet prussien de Soissons autorise les communes à contracter des emprunts qui les aideront à payer leurs contributions.

Dimanche 27. — La nouvelle de la reddition de La Fère n'est que trop cer-taine. Toujours des colères injustes. Les campagnards qui montent à Laon crient à la trahison. Dans cette ville, le bruit se répand que les habitants de La Fère, af-folés par le bombardement, ont voulu vio-lenter le commandant Planche et, sur son refus de se rendre, l'ont assassiné hier samedi. La ville est sous l'impression de ces tristes nouvelles, de celle aussi que les mobiles faits prisonniers à La Fère vont passer à Laon pour se rendre en Al-lemagne. Beaucoup de familles qui ont des enfants ou des amis parmi eux se portent en foule à la gare.

A quatre heures du soir, la garnison prend position à la caserne de cavalerie où les prisonniers seront déposés pour y passer la nuit, et à la gare où ils doivent descendre. A sept heures, ils arrivent pé-destrement par la route de La Fère, et, par une tolérance dont on doit savoir gré à la commandature de Laon, les familles peuvent à peu près librement communiquer avec leurs enfants. Une première colonne de prisonniers passe en chemin de fer pour ne s'arrêter qu'à Reims. Il y en a beaucoup parmi eux qui ne portent pas le costume militaire. Un jeune homme des environs de Laon, Emile Bourdin, de Veslud, exempt lui-même du service militaire, se faufile parmi eux, y cherchant des jeunes gens qu'il connaît. Au départ, ne pouvant se faire comprendre des soldats de garde, il est arrêté, forcé de monter dans le convoi, et le malheureux part prisonnier pour l'Allemagne. Avertie de ce fâcheux quiproquo, la préfecture allemande fait d'actives recherches pour son rapatriement. Ce ne sera qu'au commencement de mars prochain qu'on le retrouvera à Dillingen (Bavière), d'où il sera relâché et dirigé sur la France.

Des cavaliers prussiens, dix, dit-on, entrent dans Saint-Quentin, pénètrent sur la place, mandent un membre de la commission municipale pour lui faire une réquisition, puis se retirent suivis par des ouvriers qui les huent et les insultent ; à la gare, on leur jette des pierres. Ils font face en dirigeant leurs armes sur la foule qui recule, et ils se retirent au galop.

On dit les ouvriers de Saint-Quentin exaspérés par la misère. Ils se portent le soir, sur la maison de M. Lecocq, ancien pharmacien et membre de la commission municipale, chargé de distribuer des secours aux nécessiteux. Ils se plaignent, assure-t-on, de la répartition de ces secours. M. Lecocq n'est pas sans courir quelque danger.

Lundi 28. — Proclamation de la municipalité de St-Quentin. Elle se plaint que les ouvriers ajoutent foi « à des calomnies aussi odieuses qu'absurdes, et « qu'il se soit rencontré des hommes as- « sez égarés pour tenter de violer, la nuit, « le domicile d'un concitoyen, d'un mem- « bre de la commission. » La municipalité accuse hautement « les agents de la réac- « tion qui, suivant elle, sèment la dé- « fiance et la division dans les rangs de la « démocratie, » comme si les passions, les appétits et les colères du peuple ne s'expliquaient assez par eux-mêmes et par l'appel qu'en certains moments leur ont fait peut-être certains de ceux-là même qui se plaignent dans leurs proclamations.

Le blocus alimentaire de l'arrondissement de Saint-Quentin par la place de Cambrai continue. Sous prétexte que les Prussiens peuvent, d'un moment à l'autre, réquisitionner dans le canton du Câ-

telet, les éclaireurs de Cambrai envahissent les fermes de cette commune et emmènent de force quarante-cinq bœufs et près de trois cents moutons. Plaintes énergiques des populations lésées.

Un jeune homme de Soissons est tué par une bombe qui éclate pendant qu'il la vide. Demain un père et son fils seront, dans la même ville, victimes de la même imprudence.

A Laon, les parents et amis des mobiles prisonniers, même les étrangers, sont introduits dans la caserne de cavalerie. Liberté complète. Départ de Laon à travers la ville. La gare est ouverte à tous. Immense train. On dit que les prisonniers seront dirigés au delà de Berlin.

Les officiers du bataillon de mobiles de Saint-Quentin ne veulent pas profiter de la capitulation et suivront leurs troupes en Allemagne. — L'après-midi, vingt-cinq mobiles de la garnison de La Fère, saisis dans les boues de l'inondation, du côté de Condren, sont amenés à Laon. Le soir, on en reprend plusieurs autres encore, et ils sont enfermés à La Fère où ils sont sévèrement traités.

M. Martin, maire de Rozoy, se présente au préfet de l'Aisne, lui annonçant le coup de main qui a été exécuté par les douaniers du Nord. Il demande que l'on tienne compte de cet événement de force majeure et reçoit du préfet la promesse d'un appui auprès du gouvernement de Reims.

M. Turquet, ex-procureur impérial à Vervins, engagé dans un corps franc de la garnison de Paris, et qui a reçu trois blessures dans une sortie, est nommé chevalier de la Légion-d'Honneur.

Mardi 29. — Sur le dire de quelques soldats prussiens qu'on a peut-être mal compris, on parle vaguement à Laon de la capitulation de Paris.

La mairie de Saint-Quentin proteste vivement contre les mesures que le sous-préfet de Cambrai a prises ; si elles étaient mises à exécution, elles ne tendraient à rien moins qu'à affamer une ville déjà trop éprouvée. Le sous-préfet de Cambrai rapporte une partie de son arrêté du 24 novembre et autorise « dans une certaine me- « sure le départ pour St-Quentin de quel- « ques denrées alimentaires. » Il permet le transport d'un certain nombre de tonneaux d'huile ; mais le commissaire général de la défense dans le Nord, M. Testelin, fait saisir ces marchandises.

Par la *Gazette de Cambrai*, on a des nouvelles du nouveau préfet français, M. Achard. Il parcourt les contrées non envahies du département de l'Aisne, réunit les gardes nationaux, les stimule, les décide à partir et les conduit lui-même dans les places fortes du Nord. Il a déjà amené à Cambrai plus de 2,000 hommes de la levée en masse de l'Aisne dont une partie est mobilisée, armée et commence à s'instruire.

Les troupes qui ont fait le siége de La Fère et leur matériel partent dans la direction du Nord.

Depuis deux jours, le canon gronde du côté d'Amiens.

Mercredi 30. — A Coucy, cette petite ville ruinée par des passages qui ne cessent pas, on craint que les Prussiens ne fassent de cette forte position le centre d'une réunion de soldats qui rayonneraient dans la contrée.

Il circule toujours des bruits sur la capitulation de Paris, de l'autre sur des succès remportés par la garnison de Saint-Quentin qu'on prétend être occupé par les Français.

Un voyageur arrivant de Soissons à Laon annonce qu'hier mardi un autre voyageur venant d'Amiens y a vu rentrer en désordre des troupes annonçant que l'armée du Nord a été battue en avant d'Amiens, et que les Prussiens lui marchent sur les talons dans sa retraite sur Lille. On a dû se battre en effet dans l'ouest ; car à Laon on a entendu, depuis quatre jours, des détonations dont le bruit n'a cessé aujourd'hui qu'à trois heures de l'après-midi. Les journaux belges du soir parlent déjà d'engagements entre Roye, Villers-Bretonneux et Amiens, sans en dire le résultat.

Le *Progrès* de Soissons se plaint très-vivement des faux bruits qui circulent de victoires ou de défaites. Il tient ses lecteurs en garde contre ces récits qui sont, « sans qu'on s'en doute, de mauvaises actions; si parfois la joie fait peur, la désillusion est aussi des plus dangereuses.»

Une *publication* (arrêté) du gouverneur général de Reims met fin à l'incident des fonds pris à Rozoy par les douaniers du Nord. « En publiant cet événement, » dit M. de Rozenberg, « je ferai observer que « les contribuables des communes du canton de Rozoy ont *perdu* l'argent pris par « le maire de Rozoy-sur-Serre et que le « gouvernement actuel *ne peut se conten-* « *ter du récit sus-mentionné.* Le verse- « ment des fonds, *allégué* par le maire de « Rozoy, est donc regardé comme *non-* « *avenu*, et le gouvernement *saura* faire « rentrer le douzième demandé aux dites « communes. »

En résumé, une lettre du préfet prussien à M. Martin, datée du 6 décembre, l'avertira tout à l'heure que sa réclamation n'a pas été entendue, et que par conséquent il faut s'exécuter sans délai. Déplorable résultat de la déplorable expédition nocturne exécutée sur Rozoy. Ceux qui l'ont commandée et ceux qui l'ont exécutée n'ont pas compris que ce que les Prussiens appelaient contribution ne représentait pour les occupés que la rançon de leurs propriétés, de leur fortune et peut-être de leur liberté; que cet argent ne pouvait en aucun cas revenir au gouvernement français; qu'au nom de ce gouvernement, ils n'avaient pas le droit de s'en emparer, et qu'ils compromettaient sérieusement les communes auxquelles ils allaient faire courir un danger évident, ne serait-ce que celui de payer deux fois ces sommes qu'on avait eu tant de mal à recueillir. Le *Journal de Cambrai* à ce malheur ajouta celui que causent d'impitoyables railleries, des accusations iniques; il proclamait qu'il « était «juste» d'enlever ces sommes colligées par les maires des chefs-lieux de cantons qui se faisaient les percepteurs de l'ennemi. Si l'armistice du 29 janvier n'eût arrêté les Prussiens qui commençaient à bombarder Cambrai, le *Journal de Cambrai* eût su par expérience ce que valaient les fanfaronades de journaux qui n'avaient l'intelligence de la situation que quand leur ville gémissait aussi sous le poids des misères qui pesèrent pendant six mois sur nous.

Invitation du commissaire des contributions Pochhamber, de Reims, aux maires d'avoir immédiatement à verser le douzième d'octobre. Il leur signifie « par ce dernier avertissement que les « poursuites militaires les plus rigoureu- « ses seront commencées *indistinctement* « contre toutes les communes qui, *dans* « *les trois fois vingt-quatre heures,* n'au- « ront pas acquitté le terme échu. »

Un détachement de quatre-vingts hommes, venant de Fismes, apparaît tout-à-coup à Fère-en-Tardenois; et entoure une petite maison appelée *Pied-Sec*, qu'habite le sieur Laly, garde particulier du maire de Fère-en-Tardenois, et compromis lors de l'affaire de l'attaque de la poste prussienne dans la forêt de Dôle. La maison est fouillée. On y trouve des fusils de chasse, du tabac de contrebande, des armes enlevées, dit-on, aux soldats de l'escorte et l'une de ces cartes de France dont se servent les officiers des corps en marche. Le malheureux Laly est emmené et sa maison livrée aux flammes. La colonne envahit la mairie; le maire est arrêté aussi, non pas seulement comme maître du garde Laly, mais sous l'inculpation d'appartenir à une bande de francs-tireurs et peut-être d'être leur chef. Le maire peut s'échapper par une porte de derrière. Les soldats se portent à sa maison, la fouillent, brisant les meubles, la vaisselle, les glaces, les fenêtres et même le mobilier d'une dame qui habite le haut de la maison. Puis, la colonne regagne Fismes, en emmenant tout le conseil municipal qu'on retient en prison sans matelas et sans vivres. Les habitants sont forcés de nourrir les détenus qu'on ne relâche qu'au bout de deux jours, quand ils se sont engagés à payer immédiatement, sous la caution d'un habitant de Fismes, une rançon de 6,000 fr.

DÉCEMBRE.

Jeudi 1er. — Des officiers prussiens de la garnison de Laon parlent d'une victoire remportée par l'armée de Manteuffel en avant d'Amiens, succès qu'elle aurait chèrement payé par la perte de beaucoup de monde, surtout d'officiers.— Dans la journée, on apprend qu'Amiens s'est rendu sans se défendre et que la citadelle est occupée.

A Saint-Quentin, on dit que 40,000 Prussiens se sont précipitamment rendus de Chauny à Soissons d'où l'on entend une vive canonnade (c'est celle de Paris), que Laon a été repris, que La Fère est aux mains des Français venus de Ham. Il n'y a de vrai que la capture entre Ham et Chauny d'une vingtaine de voitures et de quelques prisonniers qu'on envoie à Saint-Quentin.

La municipalité de Saint-Quentin, dans un article adressé à l'*Echo du Nord* de Lille, repousse avec beaucoup de vivacité les calomnies que ce journal a propagées dans un article intitulé les *francs-tireurs*, et se plaint que l'*Echo* se soit fait le reproducteur des appréciations malveillantes sur les actes de la commission municipale de Saint-Quentin, qu'a plusieurs fois publiées la *Gazette de Cambrai*, « journal qui paraît s'être imposé pour tâche « de dénaturer avec une perfidie calculée « tout ce qui se fait à St-Quentin. »

Vendredi 2. — La prise d'Amiens et la défaite d'une partie de l'armée du Nord sont confirmées par un ordre du jour lu à la garnison de Laon. On lui annonce aussi que des sorties de l'armée de Paris ont été repoussées.

On entend toujours les détonations incessantes dans la direction de Paris.

Parmi les bruits absurdes qui courent dans le pays, il faut noter celui qui nous arrive avec persistance par les journaux du Nord et de Vervins : que les Prussiens construisent un camp retranché à la gare

de Laon. L'*Echo du Nord* y voit la preuve que « les Allemands prennent évidem- « ment leurs précautions pour couvrir « une retraite dans le cas où ils seraient « forcés de lever le siége de Paris. L'in- « dice n'est pas désagréable à relever. Il « prouve que nos ennemis commencent « à reconnaître l'énergie de la résistance « et la possibilité d'une retraite. » Le *Nouvelliste* de Vervins dit de son côté : « Le « camp retranché de Laon continue avec « activité. » L'*Indépendant de Reims*, sur la foi d'une lettre de Saint-Quentin, peuple « ce camp de 2,500 Prussiens qui sont « entrés à Laon avec un important maté- « riel dans l'intention de terminer l'ins- « tallation du camp retranché établi « sous cette ville. »

Les journaux de Saint-Quentin se plaignent plus amèrement que jamais des mesures prises par les autorités du Nord et qui empêchent l'arrivée de toutes denrées ou marchandises : « Nos bons voi- « sins du Nord veulent nous affamer. « C'est très bienveillant, très humain, « très républicain et démocratique. »

La misère est énorme à Saint-Quentin. La société alimentaire ouvre des succursales à son établissement de fourneaux économiques.

Les mobiles réunis à Vervins sont sans cesse en campagne pour forcer à partir pour le Nord tous les hommes de 21 à 45 ans de la levée en masse.

Aujourd'hui vendredi, les autorités prussiennes n'ont point encore exécuté leur projet de faire escorter les convois sur Reims par des notables de Laon. Le maire a été prévenu qu'on avait renoncé à ce projet et que la ligne serait gardée militairement.

Samedi 3. — On reçoit des dépêches officielles, dit-on, et signées Gambetta, qui annonceraient une sortie victorieuse de Paris par les troupes de Ducrot et un grand succès sur la Loire. Les dépêches du roi de Prusse à la reine disent le contraire. Qui croire?

On n'a pas entendu le canon aujourd'hui. Peut-être le brouillard et la neige, qui ont succédé à la gelée, arrêtent-ils le bruit.

Vervins et les alentours sont toujours occupés par des troupes françaises qui semblent avoir la reprise de Laon comme objectif.

Première proclamation de M. Félix Achard au département de l'Aisne, et datée de Saint-Quentin, bien que sa résidence soit fixée au Nouvion. Il rend compte de ses efforts. Seul, sans bruit, il a parcouru les campagnes, et grâce à la bonne volonté qu'il a rencontrée, il a pu lever, dans le seul département de l'Aisne et à quinze lieues des avant-postes français, une légion de 4,000 hommes qui s'exerce en ce moment derrière les remparts des places du Nord ; dans quelques jours, cette légion sera prête à marcher pour protéger ses foyers. « Debout « tous, et que de toutes les bouches s'é- « chappe le cri de délivrance ! »

Dimanche 4. — Aujourd'hui encore on n'entend pas le canon du côté de Paris. On en conclut que la sortie n'a pas dû être heureuse ; car si l'armée de Paris avait rompu les lignes prussiennes, l'ennemi la suivrait en combattant.

Le *Journal de Saint-Quentin* se plaint encore des sorties malveillantes que plusieurs feuilles du Nord se permettent quotidiennement contre le département de l'Aisne et en particulier contre la ville de Saint-Quentin. On a pu croire, un instant, que ces journaux étaient abusés par de faux renseignements ou des manœuvres coupables, et qu'aussitôt avertis, ils s'empresseraient de reconnaître leur erreur. Il n'en a rien été.

On apprend que les sous-officiers et soldats du 4° mobiles de l'Aisne, faits prisonniers à La Fère, sont internés à Dollingen, près Ulm.

Les deux journaux de Soissons ont de nouveau cessé de paraître.

Lundi 5. — Il n'est que trop sûr que l'armée de sortie, qui d'abord avait occupé victorieusement la Marne, a dû rentrer à Paris par un froid excessif. On l'apprend à la fois par le *Journal de Vervins* et l'*Indépendant de la Champagne*, celui-ci requis d'insérer une dépêche du roi.

L'avant-garde d'une colonne prussienne, venant du côté de Ham et de Roupy, est signalée vers midi en avant de Saint-Quentin et entre dans le faubourg Saint-Martin. Les ouvriers encombrent la rue et semblent vouloir disputer le passage, ignorant sans doute que le détachement qui suit est fort d'au moins 3,000 hommes. Les journaux de Saint-Quentin ne précisent pas les actes d'hostilité commis en ce moment ; mais une lettre du commandant Bock, du 6 décembre, affirme que ses soldats ont été reçus à coups de pierres et de fusil. Les Prussiens s'ouvrent un passage en faisant usage de leurs armes, lancent des obus sur la ville et incendient deux maisons du faubourg. Deux ouvriers et une femme restent morts sur la place, et une dizaine de personnes sont blessées. La foule se disperse, et les Prussiens ga-

gnent la gare d'où les uns se dirigent sur Tergnier et les autres sur La Fère. Au bout du faubourg d'Isle, une rixe a lieu entre des ouvriers et des cavaliers dont l'un est jeté à bas de cheval et frappé, dit-on, à coups de couteau. La ville est dans le désordre et la consternation.

Mardi 6. — A neuf heures, la Commission municipale de Saint-Quentin reçoit la lettre suivante du commandant prussien dont l'escorte est restée sur la route de La Fère : « J'invite la commis- « sion municipale de m'accorder l'hon- « neur d'un pourparler, à onze heures, à « l'issue de Saint-Quentin du côté de La « Fère où je me trouverai avec une par- « tie de mes troupes. Au cas que la com- « mission municipale ne paraîtrait pas à « l'heure indiquée, le bombardement de « la ville commencera à onze heures et « demie. » Il faut obéir. La commission se rend à cette sommation et laisse entre les mains de l'ennemi deux de ses membres comme ôtages, MM. Souplet et Poette, dont les noms ont été désignés par le sort. Les Prussiens voulaient, dit-on, fusiller six habitants, mais se contentent des deux prisonniers qui sont emmenés à Laon, en attendant qu'on ait décidé quelle sera la punition de la ville. On parle d'une amende de 1,500,000 fr., de 500,000, de 300,000. Ce sont des on-dit.

M. Laisné, membre du conseil général et maire de Sissonne, verse à la caisse prussienne ce qu'à titre de maire du chef-lieu de canton il a été forcé de recevoir pour le douzième d'octobre. Il rentre fort tard chez lui et, dans la nuit, il reçoit la visite d'un détachement de francs-tireurs envoyés de Vervins pour s'emparer chez lui, comme à Rozoy, du contingent de Sissonne. Craignant d'être obligés de payer deux fois, les habitants sonnent le tocsin, se réunissent, menacent de faire un mauvais parti aux francs-tireurs, et ceux-ci se retirent.

On dit aussi que le maire de Marle a reçu également leur visite, mais s'est débarrassé d'eux en leur disant que l'argent des contributions prussiennes vient d'être envoyé à Laon.

Les mobiles et francs-tireurs, qui se trouvent en assez grand nombre à Vervins, parcourent les villages pour forcer les maires à faire partir les hommes de la levée en masse. Certains maires objectent les défenses faites par les Prussiens ; on les menace de les arrêter et de les traduire en conseil de guerre, tout au moins de les poursuivre à la fin de la guerre.

Les nouvelles de l'armée de la Loire

sont très-mauvaises. Les dépêches offi-cielles prussiennes, apportées par les journaux de Reims, annoncent qu'Orléans a été repris le 4 décembre. «Dieu soit loué!» s'écrie le roi Guillaume dans sa dépêche à la reine Augusta. « L'armée de la Loire « est brisée et éparpillée, » écrit le prince royal à sa femme.

Ainsi, voilà l'armée du Nord et celle de la Loire battues et repoussées, sinon dis-soutes et anéanties.

Ainsi sont violemment repoussées sur le Nord et sur l'Ouest nos dernières, nos suprêmes ressources, celles sur lesquelles Paris, auquel on a fait illusion, compte et qu'il appelle de ses vœux les plus ar-dents.

On dit qu'on entend encore le canon dans la direction de Paris.

A l'exemple des journaux du Nord, le *Nouvelliste de Vervins* signale les défail-lances ou de mobiles ou de mobilisés qui ne sont point encore partis pour rejoindre leurs corps.

Jeudi 8. — Toute la journée, on a en-tendu de sourdes détonations, toujours du même côté.

Dépêches de Tours annonçant que l'ar-mée de la Loire se retire en bon ordre et qu'elle est *intacte*. Une enquête est com-mencée sur l'évacuation d'Orléans.

L'autorité allemande se préoccupe du mouvement qui commence. Proclamation du commandant de Laon Neumann qui somme les citoyens de ne pas obéir aux ordres de rejoindre les armées françaises, « faute de quoi il sera obligé de punir sévè-« rement eux et leurs familles. » Réitération de la promesse qu'il sera introduit dans le futur traité de paix interdiction de pour-suites ultérieures.

Nombreux arrêtés du préfet Achard : nécessité de faire disparaître au burin l'aigle sur le cachet des mairies ; inter-diction aux présidents et membres des communes d'exécuter les décisions de l'autorité ennemie ; révocation de maires et d'instituteurs. Le maire de Vermand a payé aux Prussiens soixante-six francs pour abonnements forcés des communes du canton au *Moniteur* de Reims ; le préfet Achard le déclare « agent de « l'autorité prussienne et courtier d'un « journal ennemi. »

Toujours des morts qu'on peut appeler précoces et dues à la guerre. Il meurt à Laon une dame qui s'est prise de peur en voyant entrer les Prussiens chez elle ; elle a été malade huit jours. Des hommes en cinq mois ont vieilli de dix ans.

Déjà certaines denrées se font rares, d'autres vont manquer ; d'autres manquent

déjà ou renchérissent énormément. Pres-que plus de vins chez les marchands en gros. Le charbon de terre fait absolument défaut. Le gaz peut manquer à Laon, faute de houille. Les marchands de draperies, de bonneterie, ne pouvant plus se réap-provisionner, écoulent avec bénéfice leurs fonds de magasins. La vie matérielle ne renchérit pas beaucoup heureusement. Les marchés où en septembre on ne voyait plus de jardiniers, de coquetiers, de bou-chers, sont bien approvisionnés.

La neige tombe le soir en abondance. Pauvres soldats ! qu'ils vont souffrir ! et nous ne nous consolons pas en pensant aux maux de l'ennemi.

Vendredi 9. — Pendant toute la nuit d'hier et la journée d'aujourd'hui, la neige ne cesse de tomber par un épais brouillard.

On entend le canon tonner sans cesse et violemment dans la direction de Paris.

Le *Guetteur de Saint-Quentin* d'hier donne des détails sur l'affaire du 5. Ce journal ne parle ni de l'agression, ni de l'amende imposée. Quant à l'agression, elle est implicitement reconnue dans une proclamation de la municipalité de Saint-Quentin qui exhorte la population à l'or-dre et à la discipline. Evidemment, elle n'a plus d'action sur le peuple. Tout ce qui revient de cette ville, tout ce qu'on en en-tend dire, tout ce qui transpire dans les précautions de la proclamation de la mu-nicipalité, montre une situation très dif-ficile, tendue outre mesure, pleine de dangers.

Reprise de Ham par les Français. Ils y font prisonniers les ingénieurs prussiens qui ont rétabli le chemin de fer de Laon.

Par une proclamation insérée dans les journaux de Lille, on peut juger de l'in-discipline, du désordre et de la désobéis-sance qui règnent dans l'armée du Nord. On a dû y constituer des cours martiales qui ont ordre de procéder de la manière la plus rapide « comme à Amiens. »

La neige a cessé de tomber le soir. Le brouillard est intense. Il gèle. Que de maux à la fois !

De grand matin, M. Mosny, notaire à La Fère et président de la commission municipale, est brusquement enlevé de chez lui par un détachement prussien et placé comme ôtage sur le train qui va partir pour Laon. Plus tard, c'est le tour de chaque conseiller municipal et des principaux habitants.

Alerte à La Fère. Dans cette ville, les rassemblements de plus de trois personnes dans les rues sont interdits ; il faut être rentré à neuf heures du soir. Les médecins seuls pourront sortir nuitamment de la place. Quelques canons non-encloués sont placés sur les remparts du côté de Saint-Quentin qui a été réoccupé par les Français.

Samedi 10. — Brouillard intense. Toute la campagne est sous la neige.

Plus de bruit de canonnade vers Paris.

Le bruit court que les 4,000 mobiles, soldats de passage, douaniers mobilisés du Nord, francs-tireurs, zouaves éclaireurs, réunis à Vervins, pensent à faire une démonstration sur Laon. Les journaux de Vervins nous montrent les zouaves-éclaireurs du Nord essayant de se recruter et faisant appel aux hommes énergiques et résolus. Ils annoncent que, pour pourvoir à leur équipement, un de leurs officiers présentera une souscription à domicile. Est-ce un appel gracieux aux bonnes volontés, un conseil de s'exécuter, une menace ? Il ne semble pas qu'un ordre bien sévère et la discipline règnent au milieu de ces militaires ; un avis inséré dans le *Journal de Vervins* porte : « Plusieurs porte-monnaie ont été » perdus par des militaires. Les rapporter » au bureau du journal. »

L'administration prussienne se préoccupe de plus en plus de la levée en masse qui se prononce sous l'influence du préfet français du Nouvion. Il y a quelque temps, elle a demandé aux mairies les listes des jeunes gens et hommes soumis à la mobilisation. Elles n'ont pas été fournies à la préfecture. Elle les réclame, en menaçant de sévir. Par une première lettre, le maire de Laon est sommé d'envoyer cet état sous peine d'une amende de 500 francs, prononcée contre lui personnellement. Refus. — Seconde lettre contenant une nouvelle sommation, avec menaces d'arrestation et de sévices contre la ville, si la liste n'est pas fournie demain.

Dimanche 11. — Saint-Quentin est bien en la possession des Français, car le sous-préfet de Cambrai lève les arrêtés de blocus alimentaire.

Un jeune homme d'un faubourg de Laon est surpris chassant et porteur d'un fusil. On l'arrête. La ville, pour ce fait, est tenue pour responsable et condamnée à payer une amende de 3,000 francs. Protestation du maire. Il paraît que ce jeune homme guidait parfois des officiers prussiens chassant dans la plaine.

On double les postes de l'hôtel-de-ville de Laon et des portes, soit qu'on craigne quelques tentatives venant de Vervins, soit qu'on se préoccupe de certains propos qui ont circulé en ville et annonçant, dit-on, une Saint-Barthélemy. On a remarqué que, cette nuit, les officiers se sont enfermés et avaient leurs sabres nus au chevet. (Les mêmes histoires ont eu cours à Versailles, juste au même moment.)

Le commandant de la place de Laon reçoit, à dix heures, des dépêches annonçant une grande victoire des Prussiens en avant de Tours qui serait pris. (Erreur. Tours ne sera pris que quelques jours plus tard.) La garnison reçoit sans doute communication de ces nouvelles à la parade de midi ; car elle pousse des cris de joie. Devons-nous croire à ces tristes nouvelles ?

De Saint-Quentin et de Vervins arrivent à la fois des nouvelles graves. Dix mille Français ont repris possession de la première ville, se disposant à un mouvement indécis encore, et à Vervins, il y a aussi quelques milliers d'hommes, parmi lesquels des troupes de ligne. Une partie de ces forces sont parties pour Guise, probablement pour rejoindre celles qui se concentrent à Saint-Quentin.

On reçoit, le soir, les journaux de Reims qui, tous deux, contiennent cet avis mystérieux qu'on a déjà lu dans les journaux de Vervins le reproduisant eux-mêmes du *Progrès du Nord* du 7 décembre : « L'armée du Nord que les Prussiens » prétendent avoir complètement dispersée, *ne tardera pas à faire parler d'elle.* » *Elle s'est mise en marche pour une destination inconnue,* animée du meilleur » esprit. » Elle ne peut qu'avoir en vue ou Amiens, ou La Fère et Laon plus éloignés des grandes forces ennemies.

Un convoi de 104 blessés prussiens, parti de Noyon, est surpris à Viry par un détachement du 45e de ligne français et conduit à Ham. Ce fait donnera lieu plus tard à une réclamation de M. de Bismarck.

Lundi 12. — Comme nous nous préoccupons de Lille, Lille se préoccupe de nous. Une dépêche du 12 dit que ce jour-là, « on se battait à Laon. » On ne s'y bat pas, mais la ville est en émoi. A huit heures du matin, appel de clairon ; la générale est battue. La garnison s'assemble en hâte sur la place et va prendre en partie le chemin de la gare où un train l'attend sous vapeur. Du quartier de cavalerie partent des attelages qui remontent et enferment à la citadelle un parc d'artillerie formé depuis quelques jours à la gare. On dit que les Français sont déjà à Crépy et que la garnison va marcher contre eux.

Évidemment, il y a quelque part quelque chose de sérieux. A La Fère aussi, les plus grandes précautions ont été prises. Les ponts-levis ont été levés hier soir. La diligence de Saint-Quentin à Laon n'a pu passer. Les postes ont été doublés, et des sentinelles, armes chargées, sont placées de distance en distance sur les trottoirs où l'on ne circule plus.

Un grand mouvement de troupes prussiennes descendant de Noyon, se serait fait sur Chauny, Tergnier et La Fère; des trains de troupes venant de Reims sont passées sous Laon.

Malgré le dégel et le verglas, la foule suit avec anxiété tous les mouvements de la garnison de Laon qui descend avec peine la montagne luisante comme un miroir. Elle stationne à la gare et remonte en ville à deux heures. Sans doute, le danger est passé, et tout ce mouvement semble constituer plutôt une alerte qu'un péril sérieux.

Des voyageurs arrivés de St-Quentin racontent que 3 à 4,000 mobiles, et non pas dix mille, étaient hier dimanche à Saint-Quentin, à peu près laissés à eux-mêmes, sans ordre; que les uns sont partis fort tard pour Péronne, et les autres dans la direction de La Fère, mais se sont arrêtés à Vendeuil.

Le chemin de fer de La Fère à Reims est soigneusement gardé par des postes et des patrouilles de cavaliers qui poussent jusqu'à Guignicourt, car on dit que les forces de Vervins ont l'ordre de faire sauter le beau pont-viaduc sur l'Aisne.

On annonce l'arrivée pour le soir de 1,500 hommes venant de Reims et qui se logeront au pied de la montagne de Laon.

On emporte à la citadelle de Laon un certain nombre de fusils du désarmement qui avaient été jusqu'ici enfermés à l'hôtel-de-ville, et la citadelle reçoit aussi des approvisionnements et des caissons plein de munitions. Dans la crainte de nouveaux conflits, les propriétaires de plusieurs maisons voisines se hâtent de déménager.

Les diligences de La Fère et de Vervins sont fouillées et les journaux saisis.

Mardi 13. — Les journaux du Nord et de Vervins poussent énergiquement au départ les hommes de la levée en masse. Menace de publier les noms de ceux qui ne répondront pas à l'appel de la patrie en danger. Le préfet Achard, par un arrêté spécial, rappelle même les mobiles de l'arrondissement de Vervins qui se sont échappés à l'affaire d'Hartennes, ceux aussi qui sont revenus de Saint-Quentin, de La Fère et d'Amiens. Il révoque un instituteur accusé d'avoir empêché son fils, prisonnier de guerre de Laon et libre sur parole, d'obéir à l'ordre de départ.

Les zouaves-éclaireurs du Nord publient dans les journaux de Vervins un appel aux hommes qui voudront s'incorporer parmi eux et pourront s'inscrire aux mairies de Vervins et de Hary. La commission municipale de Vervins, en réponse à cette annonce, déclare qu'elle ne s'est jamais chargée des enrôlements dans ce corps.

Les Prussiens à Laon annoncent pour ce soir l'arrivée de trois batteries d'artillerie et d'un bataillon de l'armée active.

Mercredi 14. — Ces forces ne sont pas encore arrivées. Faut-il croire ou qu'elles ont pris une autre direction sans être signalées, ou qu'elles ne viendront pas, parce que la cause de l'émoi d'avant-hier n'existe plus, ou que l'annonce de leur venue est une ruse de guerre, l'avis de cette concentration de troupes à Laon devant suffire pour écarter de cette ville l'avant-garde de l'armée du Nord, si elle était tentée de faire sur nous un coup de main ?

Un décret du gouvernement de Tours porte le général Faidherbe, ancien gouverneur du Sénégal, au commandement en chef de l'armée du Nord. On dit ce militaire très énergique.

Une circulaire de M. Gambetta ordonne de suspendre l'appel des hommes mariés et des veufs sans enfants appartenant à la garde nationale mobilisée.

A midi, on apprend que les troupes annoncées ne viendront pas, les Français, qui avaient fait une démonstration sur La Fère, ayant rétrogradé de Vendeuil à Saint-Quentin.

Par un voyageur sérieux arrivant de Vervins, on sait que les troupes qui, au commencement de la semaine dernière, se concentraient dans cette ville, étaient plus nombreuses qu'on ne l'avait cru. Il y avait là de 7,000 à 7,500 hommes avec du canon, espacés entre Anor et Vervins. Le 6 décembre, ils avaient reçu l'ordre de s'emparer de Laon; mais, le lendemain, ils furent brusquement rappelés sur le Nord et partirent par Guise, sans doute pour gagner Saint-Quentin.

L'affaire du braconnier de Saint-Marcel se passera bien pour Laon. On ne parle plus de l'amende de 3,000 francs, et le jeune homme en sera quitte pour un mois de prison.

Le soir, l'agitation redouble dans la ville. Vers cinq heures, les landwher quittent les maisons où ils logent et se concentrent dans la citadelle où ils s'enferment. Les patrouilles sillonnent les rues. Un poste de cent hommes est à la gare ; d'autres gardent les faubourgs. Les bruits vont leur train ; la ville de La Fère a été enlevée aux Prussiens ; une colonne de 1,500 hommes leur a été prise à Vendeuil; un train parti de La Fère pour Laon a trouvé la voie coupée et a dû rétrograder ; 15,000 Français, d'autres disent 25,000, sont à Couvron, à trois lieues de Laon qu'ils attaqueront cette nuit, demain matin au plus tard. A dix heures, vive alerte : le clairon sonne, on bat la générale par la ville qui est livrée à l'émotion et s'attend à une attaque de nuit. Les heures s'écoulent. Finalement, tout rentre dans le calme et le silence.

Jeudi 15. — La nuit finit paisiblement. A dix heures du matin, le tambour de ville se fait entendre. On s'amasse à son appel. Qu'y a-t-il ? c'est le commandant de place qui enjoint aux habitants de ne plus, à l'avenir, sortir sans lanternes passé six heures du soir, et d'avoir à éclairer leurs fenêtres en cas d'alerte nocturne. C'est une occasion de rire ; le vainqueur peut bien nous passer un peu de gaîté ; elle est si rare. On envahit le magasin d'un marchand qui autrefois entreprenait l'éclairage des fêtes publiques. On s'arrache les lanternes vénitiennes de toutes formes et de toutes couleurs. Les gamins se promènent par bandes armées de lanternes qu'ils s'attachent à la tête, à la poitrine, qu'ils balancent à la barbe des pacifiques landwher ; eux aussi riant comme tout le monde. C'est un chassé-croisé de lanternes qui rappelle le finale du premier acte du *Postillon de Lonjumeau*, et l'on réédite les vieux calembourgs de Laon-terne, Laon-foncé, Laon-sans-soir, Laon-fumé, etc., etc. On ne rit qu'un instant ; les sombres préoccupations ne tardent pas à reparaître.

On apprend que le préfet français Achard adresse un appel aux gardes nationaux des communes non envahies ; il les exhorte à bien cacher leurs armes et leurs munitions, à se pourvoir de chaussures solides et à se mettre en route sans retard. Les opérations de révision commenceront au Nouvion le 28 décembre.

De tous les côtés, on entend dire déjà que les hommes de la levée en masse partent pour le Nord, quelques-uns même de nos cantons réputés envahis.

Treize prisonniers prussiens arrivent à Saint-Quentin et sont internés à la maison d'arrêt. Avec eux se trouve le maire de Vouël accusé de trahison lors du siége de La Fère, et deux individus de Tergnier, mari et femme, soupçonnés d'avoir livré des francs-tireurs cachés dans les bois de Condren. Manifestations violentes de la population sur la place de Saint-Quentin.

Dans cette ville, on croit encore que La Fère est aux mains des Français. Démenti officiel par le *Moniteur* prussien de Reims.

A en croire le *Nouvelliste de Vervins*, une lettre de Soissons lui aurait annoncé « qu'un corps prussien de dix mille hommes, repoussé sous les murs de Paris, « est arrivé à Soissons le 13 décembre, « n'ayant plus ni cavalerie, ni pièces de « canon, Bismarck serait passé à Soissons retournant à Berlin. » — Les journaux de Saint-Quentin, d'un autre côté, disent que, dans cette ville, on a aussi reçu une lettre présentant Soissons comme un immense hôpital où les blessés allemands arrivent par milliers et « presque « tous aveugles. » Le même bruit court à Laon où on aurait reçu de Noyon des blessés aveuglés par un feu grégeois lancé par les wagons blindés, et ces aveugles sont déposés à Saint-Vincent. A Saint-Vincent, les pères jésuites n'ont ni reçu, ni soigné d'Allemands brûlés aux yeux. Une lettre adressée de Coucy au *Glaneur*, affirme aussi que les Prussiens passent en pleine retraite venant de Noyon. « Les troupes sont consternées. Des sol- « dats pleurent. »

Vendredi 16. — Les artilleurs prussiens mettent en batterie sur la ville les pièces de la citadelle de Laon. Les habitations voisines sont désertes. Cependant, plus de calme règne parmi la garnison et la population.

De l'ensemble des nouvelles, il résulte aujourd'hui que la masse des troupes françaises qui avaient paru à Saint-Quentin et dont on paraît avoir beaucoup grossi le nombre, a été rappelée dans le Nord pour prendre part à des opérations d'ensemble qui semblent se préparer pour bientôt, entre Paris d'où se ferait une grande sortie, et l'armée du Nord qui attaquerait les lignes prussiennes par derrière, au moment où elles sont affaiblies par la marche de Manteuffel vers le Havre et l'extrême Normandie.

A Laon, on dit encore qu'il y a dix mille Français à Marle. A Marle, on déconseillait à un voyageur de partir pour Laon autour duquel il y avait une armée française de 20,000 hommes.

Continuation de la manifestation des lanternes.

Sur les plaintes de la chambre de commerce et de la municipalité de Saint-Quentin, l'ingénieur en chef de la navigation donne l'avis que les barrages militaires de Bouchain et de Cambrai vont être enlevés momentanément, afin de laisser libre passage aux bateaux de charbon destinés à Saint-Quentin. Malheureusement, ils vont être immobilisés dans les glaces.

On apprend que les officiers des mobiles de Saint-Quentin, faits prisonniers à La Fère, sont internés à Kosen près Haumburg (Saxe).

Le blocus alimentaire de Saint-Quentin est levé. A partir de ce jour, le chemin de fer du Nord recevra, à toutes les gares du département du Nord, les charbons, denrées alimentaires et bestiaux en destination de Saint-Quentin.

La commission municipale remercie ses concitoyens des preuves d'affection et d'intérêt qui lui ont été exprimés au sujet de l'enlèvement par l'ennemi de deux de ses membres, MM. H. Souplet et Ch. Poette. Ils sont internés dans la citadelle d'Amiens.

On s'attend à une bataille dans les environs d'Amiens que les Prussiens ont évacué et où ils n'ont gardé que la citadelle tenue par une garnison qui menace de bombarder la ville au premier mouvement.

Samedi 17. — Rien d'important. Toujours des bruits de voisinage plus ou moins rapproché des troupes de Faidherbe. Aujourd'hui on les dit à Ribemont. Le *Courrier de la Champagne* a une dépêche de ce général datée, de St-Quentin, annonçant que, le 15, il a fait deux cents prisonniers aux environs de Flavy-le-Martel, enlevé un convoi, et que la voie a été coupée entre Chauny et La Fère, La Fère et Laon. Cependant hier un train prussien venant de La Fère est arrivé à Laon sans encombre. Un convoi de troupes en vient aujourd'hui. La voie n'est donc pas coupée. Comment se reconnaître dans ce dédale de nouvelles fausses, ou tout au moins suspectes ?

Les forces françaises, qui un instant avaient menacé La Fère et qui, d'après *l'Indépendance belge*, devaient marcher sur Soissons, rétrogradent sur St-Quentin qu'elles traversent, remontant vers le Nord.

Sous les peines les plus rigoureuses, le baron de Landsberg réclame de nouveau aux maires la liste des mobiles et mobilisés. C'est une réponse à l'adresse de M. Achard.

De Tours, rien. Rien de Paris. Les jours s'écoulent. L'horizon ne semble guères s'éclaircir.

Dimanche 18. — Rien que des nouvelles qui se contredisent. Le *Courrier de la Champagne* publie un *communiqué* prussien démentant tous les détails de la dépêche de Faidherbe : pas de prisonniers à Flavy, pas de convoi intercepté.

Six mille Prussiens passent à Chauny où la veille il en est déjà arrivé quatre mille. Tout ce monde marche dans la direction du Nord.

Lundi 19. — Débarrassée des inquiétudes que lui causait le voisinage de l'avant-garde de l'armée du Nord, une forte colonne, prise dans la garnison prussienne de La Fère, part avec deux batteries d'artillerie et de bon matin pour éclairer les cantons de Crécy et de Marle où l'on affirme que des troupes françaises se concentrent. Elle déjeûne à Pont-à-Bucy, traverse Crécy sans y trouver rien de suspect et se dirige vers Marle, précédée par une avant-garde d'une douzaine de uhlans. Quelques francs-tireurs, qui n'avaient pas voulu céder aux conseils de se retirer, s'embusquent dans des maisons du faubourg sur Laon, et accueillent les uhlans par une fusillade qui leur blesse un cavalier et tue un cheval. Les cavaliers retournent au galop vers l'infanterie qui arrive sur la hauteur faisant face à Marle. Les canons sont mis en batterie et envoient sur la ville une vingtaine de boulets qui enfoncent quelques toitures et démolissent des cheminées. Le maire de Marle fait arborer le drapeau blanc sur le clocher de l'église. Le feu cesse et on entre en pourparlers avec le maire qui heureusement peut prouver, par le témoignage d'un fonctionnaire prussien de passage à Marle, qu'il avait fait tous ses efforts pour éloigner les francs-tireurs.

Pendant ce temps, un détachement se porte sur Voyenne d'où cependant aucune attaque n'était partie, mais où les francs-tireurs avaient couché la nuit précédente. Le maire, son fils, un des principaux cultivateurs du village, l'instituteur sont saisis et emmenés prisonniers. La femme du maire est expulsée de chez elle, et plusieurs soldats, des torches de paille à la main, mettent le feu dans la maison, pendant que d'autres, embusqués aux coins des rues, tirent dans toutes les directions pour empêcher les habitants d'éteindre l'incendie. Un maçon de Voyenne est légèrement blessé, et le détachement prussien rejoint le gros de la troupe qui marche vers Laon, emmenant les prisonniers. Les habitants peuvent alors organiser des secours et sont assez heureux pour sauver la maison du maire assez endommagée toutefois et où un petit bâtiment et une partie importante de mobilier sont dévorés par le feu.

Cette troupe s'empare de la voiture publique qui fait le service de Laon à Vervins, et le conducteur est forcé de retourner à Laon, emmenant les officiers et leur bagage. Les prisonniers de Voyenne et les voyageurs de Laon sont enfermés au poste de la mairie. Réclamés par M. Vinchon, les habitants de Laon sont mis en liberté; ceux de Voyenne et du dehors sont enfermés; l'un d'eux, qui avait dit au chef de la colonne qu'il ne savait pas s'il y avait des francs-tireurs dans la contrée, est maltraité et frappé par cet officier.

On dit que le commandant prussien de Laon, mécontent de la manifestation des lanternes, pourrait bien prendre vis-à-vis de la ville l'arrêté qui défend aux habitants de Reims, comme il a été défendu déjà à ceux de La Fère, de se réunir à plus de trois dans la rue et d'y stationner.

L'*Indépendant* de Reims annonce aussi qu'à Châlons les Prussiens ont arrêté trois habitants qui resteront en ôtages jusqu'à ce que les contributions d'octobre, novembre et décembre, soient intégralement payées. Avis à nos communes en retard.

Aujourd'hui, un certain nombre de communes ont versé leur contingent.

On dit à Laon que les francs-tireurs de Vervins se sont emparés du maire de Montcornet et l'auraient envoyé prisonnier à Mézières, d'autres disent à Lille, pour le punir de s'être plaint aux Prussiens quand les francs-tireurs ont enlevé à Montcornet une ambulance allemande.

Mardi 20. — Enquête sur l'affaire de Marle. Cette ville ne subira pas de représailles. Les prisonniers sont relâchés.

A Vervins, on est mal renseigné sur la marche de la colonne qui attaquait Marle hier. On croit qu'elle est encore dans cette ville; le commissaire général de la défense à Lille reçoit un télégramme du sous-préfet de Vervins annonçant que les Prussiens marchent sur cette ville.

Par les quelques postes françaises qui fonctionnent encore, par des messages qui circulent mystérieusement, par d'autres moyens qui nous échappent, à peu près tous les maires des communes envahies reçoivent soit des placards, soit des numéros du Recueil des actes de la Préfecture française, leur enjoignant de dresser les listes des appelés et de leur faire parvenir l'ordre du départ. Embarras. Hésitations. Déjà des jeunes gens partent, avertis qu'ils ont été par les communications officielles publiées par les journaux de Vervins.

L'*Ami de l'Ordre* de Noyon, qui dessert une partie des cantons de Coucy et de Chauny, ne paraît pas jouir d'une grande somme de liberté. Il parle, avec des précautions infinies, du silence que « lui impose la loi du vainqueur; il gardera le « *statu quo* qu'il préfère à un voyage en « Prusse dont il a été menacé et qui ne « lui offre aucun attrait. »

Mercredi 21. — Il paraît qu'un certain nombre d'appelés du canton de Vervins ne sont pas encore partis. Les journaux de cette ville annoncent, « comme à peu près officiel », que les noms des réfractaires seront prochainement publiés.

Les journaux de Reims ont des correspondances de Vervins qui montrent que, dans cette ville, on se croit menacé d'une expédition semblable à celle de Marle et qu'on y est livré à l'émotion.

A Laon, départ de la colonne qui a fait l'expédition de Marle. Où va-t-elle? Est-ce à Vervins? On la voit prendre la route de Marle, puis, en quittant Chambry, s'engager sur la route vicinale qui conduit à Grandlup et dans les cantons de Rozoy et de Sissonne. L'après-midi, elle arrive à Dizy-le-Gros. Il est évident qu'elle chasse au franc-tireur.

On apprend par une dépêche de Lille que l'armée de Manteuffel a reparu devant Amiens et qu'une bataille est imminente.

Jeudi 22. — Les journaux de Reims annoncent, « mais avec la plus extrême « réserve, » qu'auprès de Montcornet les troupes allemandes (ce sont sans doute celles qui ont quitté Laon hier), ont eu un engagement avec des troupes venues de Vervins et soutenues par des francs-tireurs. « L'ennemi aurait été repoussé sur « Reims; un bataillon entier serait resté « entre les mains des nôtres. » Rien de vrai.

On entend encore le canon dans l'ouest, jusque fort avant dans la soirée.

Vendredi 23. — Bataille de Pont-Noyelles, aux environs d'Amiens, entre les armées de Faidherbe et de Manteuffel. Le canon a été entendu toute la nuit. Ce matin, le même bruit est incessant. Ceux qui affirment que les détonations viennent de Paris, croient ou au commencement du bombardement, ou à une sortie réussie et amenant une bataille entre l'armée qui a percé les lignes et les forces prussiennes qui se mettent à sa suite. D'autres affirment que le bruit vient du nord-ouest et non de l'ouest. Ce n'est point à Paris qu'on se bat.

Une dépêche envoyée de Vervins à Lille

affirme encore (c'est une erreur manifeste) qu'une petite colonne ennemie est arrivée dans les environs de Vervins. A Reims aussi , on dit qu'une armée de 3,000 hommes menace Vervins.

Incroyable panique des colonels Martin et La Saussaye qui commandent les troupes françaises à Vervins. Le colonel Martin, s'il faut en croire l'*Indépendance belge* du 28 décembre, était un officier du génie évadé de Metz et auquel le commissaire général Testelin donna un grade très supérieur à celui qu'il avait réellement, et le commandement des 6,000 hommes qui étaient à Vervins. De faux renseignements lui font croire qu'un corps de 7,000 Prussiens avec une forte artillerie se porte sur Vervins. Il quitte cette ville avec ses troupes à neuf heures du matin, et arrive à une heure à La Capelle, se dirigeant sur Avesnes où il entre le soir, « avec un air de déroute tout à fait propre « à réjouir l'œil des ennemis de la Répu-« blique française, » écrit le correspondant de l'*Indépendance belge* qui affirme, ce qui est confirmé par l'*Echo du Nord*, que « le trop prudent commandant a été « révoqué net par le commissaire géné-« ral. »

Samedi 24. — On assure que déjà les Prussiens préparent la destruction des remparts des deux places de Soissons et La Fère. Des fourneaux de mine sont disposés de dix mètres en dix mètres.

On a des nouvelles de la bataille de Pont-Noyelles. Chacune des armées s'attribue la victoire ; celle de Faidherbe a couché sur le champ de bataille, dure nuit d'affreuse gelée par quatorze degrés. Après le combat, l'armée du Nord a fait un mouvement en arrière pour prendre de bons cantonnements à Albert, à Achiet, avec quartier-général à Arras, puis, en reculant encore, à Lambrecht près Douai. Les Prussiens ne paraissent pas suivre ce mouvement. On ne s'explique pas bien encore la marche en arrière de l'armée française. Faidherbe a-t-il voulu entraîner loin de Paris un corps considérable ? A-t-il craint d'être coupé de Lille, sa base d'opérations ? Veut-il donner du repos à son armée si jeune, si fatiguée ? Mais il découvre Arras et surtout Cambrai menacé déjà par les Prussiens qui ont paru à Masnières.

Il ne s'est rien passé de nouveau du côté de Marle et de Vervins. Le bruit qui avait couru de la présence des Prussiens à Guise et au Nouvion, à la suite de la panique et du départ des colonels Martin et La Saussaye, est dénué de fondement.

Une colonne ennemie d'environ 6,000 hommes de toutes armes, venant de Montmédy et ayant traversé Montcornet, Sains, Landifay, Origny-Ste-Benoîte, occupe de nouveau Saint-Quentin vers onze heures du matin, précédée par une avant-garde chargée de faire des réquisitions et de réclamer cinq cent mille francs restant dus, disent les Prussiens, sur la contribution du 20 octobre. Après débat, la ville voit réduire à 75,000 francs ces exigences. Un instant, la municipalité se trouve sous le coup d'une arrestation en masse et de la déportation en Allemagne. La gare est saccagée ; on y prend provisions, comestibles, etc. Le chef de gare est recherché et échappe aux perquisitions. Le télégraphe est coupé. Le commandant prussien ordonne à la municipalité de tenir prêts les logements et la nourriture pour de nouveaux passages qui auront lieu bientôt.

Dimanche 25. — Les Allemands ne célébreront pas la fête de Noël qui leur est si chère. L'armée de Manteuffel se met à la poursuite de Faidherbe, par un froid d'au moins quinze degrés. L'armée du prince de Saxe a rejoint celle de Manteuffel. On s'attend donc à une entreprise sérieuse des Prussiens contre l'extrême nord.

Vers onze heures du matin, les Prussiens, qui occupent Saint-Quentin depuis hier, quittent la ville par le faubourg de Paris, se dirigeant sur Roupy et, dit-on, sur Amiens. Ils abandonnent une partie des réquisitions de toute nature qu'ils ont faites ; mais ils emmènent prisonnier M. Abel Deroux, rédacteur du *Glaneur*. Ils ont vainement recherché M. Hourdequin, propriétaire du journal, M. Lemaître trésorier-payeur général de l'Aisne, et M. Delière, secrétaire général de la préfecture de l'Aisne, qui heureusement échappent à ces recherches. On dit que les Prussiens reprochent aux uns des articles violents contre le roi, à M. Lemaître de continuer l'exercice de ses fonctions dans les parties envahies du département.

Décret du gouvernement de Bordeaux qui dissout les conseils généraux et d'arrondissement. Les conseils généraux seront remplacés par des commissions départementales composées d'autant de membres qu'il y a de cantons dans le département, et les préfets présenteront des choix d'urgence. Cette mesure est prise parce que M. de Bismarck a montré, dit-on, le désir de traiter de la paix avec les conseils généraux, le seul pouvoir qui, suivant lui, ait reçu et conservé la consécration du suffrage universel, par conséquent, de la nation.

Lundi 26. — Les tribunaux ne fonctionnant pas dans une grande partie du département, les administrations municipales s'inquiètent de ne pouvoir se procurer des registres de l'état civil timbrés et visés conformément aux prescriptions de la loi. La préfecture allemande autorise les maires à faire confectionner ces registres sur papier libre et à les faire viser par les maires, en constatant le cas d'urgence sur le premier feuillet. Les cantons de Marle et de Rozoy tirent leurs registres de l'arrondissement de Vervins qui n'est pas occupé.

Le parquet de Laon avait déjà pourvu à cette situation par une circulaire de M. de Boisbrunet. Comme elle est signée par ce magistrat en sa qualité de procureur de la République, elle est saisie à la poste par ordre de la préfecture allemande.

Partout on ouvre des souscriptions en faveur de nos prisonniers d'Allemagne. Une quête en leur faveur est faite au cercle de Laon.

Mardi 27. — L'armée du Nord, d'après un ordre du jour de Faidherbe, va reprendre ses opérations. Elle est entièrement massée entre Arras et Cambrai, abandonnant tout le terrain entre cette dernière ville et Amiens.

Un arrêté du gouvernement de Reims règle la question des contributions pour 1871. Les diverses impositions françaises sont remplacées par une seule et même contribution directe, augmentée d'une somme de cinquante francs pour chaque individu, laquelle capitation est censée remplacer l'ancien impôt indirect. Ce sont les maires, aidés du conseil municipal, qui répartiront entre tous les habitants la somme fixée pour chaque commune. Chaque douzième sera prélevé dès le commencement du mois, et le délai de grâce expire le 15, jour où commenceront les poursuites militaires.

Les populations s'épouvantent de ces exigences dont elles entrevoient de suite la portée. C'est l'ancien impôt direct multiplié environ cinq fois par lui-même. Ainsi, une commune de quatre cents habitants, qui payait 5,000 fr. environ d'impôt direct, payera 25,000 fr. pour 1871, savoir : 5,000 fr. pour impôt direct, plus cinquante fois quatre cents habitants, c'est-à-dire 20,000 fr. Quelles étrennes pour 1871 ! Et l'on ne sait pas tout encore. Tout-à-l'heure, ce capital énorme produira des intérêts fabuleux dont la loi n'a encore été formulée par aucun traité connu d'arithmétique.

Mercredi 28. — Saint-Quentin est occupé par deux mille Prussiens.

L'ennemi, en forces, fait une démonstration sur Cambrai.

Jeudi 29. — On assure que Manteuffel, abandonnant encore une fois l'armée du Nord devant laquelle il ne laisse qu'une partie de son armée, marche sur la Normandie.

Hier, on a entendu de nombreuses détonations du côté de Paris. Les journaux du Nord disent que c'est le bombardement du Mont-Avron. Ils annoncent aussi l'investissement de Péronne et le commencement du siège de Mézières.

La neige couvre toujours la terre. Le froid est d'une intensité et d'une persévérance effrayantes.

Vendredi 30. — Les mouvements de Faidherbe se concentrent et s'accentuent autour de Douai. On ne comprend pas bien la portée de ses évolutions stratégiques ; mais il est bien certain que, pour l'instant au moins, la diversion qu'il tentait sur Paris, soit par Amiens, soit par La Fère, Laon et Soissons, est malheureusement complètement manquée. On dit que son armée compte près de quatre-vingt mille hommes ; son quartier-général est à Rœux. Les Prussiens semblent se concentrer à Bapaume. On s'attend à une bataille sous très-peu de jours.

Bruits d'une nouvelle et victorieuse sortie de Trochu sous Paris.

Samedi 31. — Il est dit que l'année finira mal. On apprend que les défenseurs du Mont-Avron ont dû abandonner cette position écrasée par les bombes.

Engagement à la gare de Busigny entre une colonne prussienne venant de Cambrai et un bataillon de mobiles de l'Aisne commandés par M. du Châtelet et arrivant en wagons dans la gare que des uhlans pillent et où ils veulent couper le télégraphe. (Nous laissons à l'*Echo du Luxembourg* la responsabilité de détails affligeants que nous ne croyons devoir ni reproduire, ni même analyser). Première attaque repoussée par les mobiles et les employés de la gare. Plus tard, les Prussiens reviennent en nombre supérieur, et les Français se retirent en bon ordre.

Le même jour, rencontre entre un poste prussien et des mobiles de l'Aisne, en avant de Marcoing.

La voilà donc expirante enfin, cette fatale année pendant laquelle la sécurité, le bonheur, la confiance en l'avenir, le juste orgueil national qu'on croyait si fermement assis sur la force de nos armes, ont disparu si subitement pour faire place à la ruine, au malheur le plus inouï comme le plus inattendu, comme le plus complet, à la presque certitude que l'issue de la lutte ne peut qu'être désastreuse. Maudite soit-elle, cette année, entre toutes et à toujours, avec ceux qui nous ont précipités dans l'abîme, n'usant du pouvoir remis par nous entre leurs mains pour notre salut, que pour accomplir notre perte et accumuler sur nous des calamités dont l'histoire n'a pas conservé d'exemple !

1871

JANVIER.

Dimanche 1er. — Pas de gaîté, mais partout des visages mornes. Pas de visites entre parents, entre amis ; quels vœux échanger ? Qui oserait parler de bonne année ? L'année qui commence peut-elle être bonne, ou bien peut-elle n'être pas mauvaise ? Ne faut-il pas succomber demain, dans huit jours, dans un mois au plus tard ? Et, la guerre finie, que nous réserve l'avenir ? Pas d'étrennes ; que donnerait-on, et comment donnerait-on ? Pas de lettres de nouvel an ; la poste ne fonctionne pas. Quand reverra-t-on les siens, les êtres aimés dont on est séparé, pour lesquels on tremble quand on ne sait plus trembler pour soi ?

Toujours un froid extrême.

Trente gardes nationaux mobilisés, qui ont été faits prisonniers dans les environs de Busigny pendant qu'ils cherchaient à gagner le Nord et à rejoindre leurs corps, sont amenés à Saint-Quentin par une patrouille prussienne qui les a rencontrés. On les dirige sur La Fère et de là sur Laon où il sera statué sur leur sort.

Ordre du jour du général Faidherbe annonçant à l'armée du Nord qu'elle doit se préparer à rentrer immédiatement en campagne, et que les soldats, exposés à ne rien trouver à manger dans un pays déjà ruiné, devront tout porter avec eux.

Les blessés et les malades (beaucoup de cas de congélation) augmentent dans de telles proportions dans notre armée, qu'il est à craindre que leur nombre ne devienne supérieur à celui des lits dans les hôpitaux. Appel du préfet du Nord à la générosité de ses concitoyens.

Lundi 2. — Commencement de la bataille de Bapaume entre les armées de Manteuffel et de Faidherbe dont les lignes s'étendaient de Sapignies et Arras à Bapaume. L'action est engagée à dix heures du matin et dure jusqu'à la tombée de la nuit. Le soir, l'ennemi se retire avec des pertes considérables. Nos troupes sont fortement éprouvées aussi.

Engagements sans importance entre Bohain et Busigny.

Le froid est toujours très-intense. Un journal prussien annonce qu'à la date du 2 janvier, 6,000 soldats allemands, grièvement atteints par la gelée, ont été dirigés sur l'Allemagne.

Le mouvement de levée, imprimé d'abord avec énergie dans les arrondissements de Vervins et de Saint-Quentin, se prononce dans ceux depuis longtemps envahis, de Laon, Soissons et même Château-Thierry. On voit nos routes sillonnées par de petits groupes de deux ou trois jeunes gens, prudents, silencieux, qui accomplissent leur douloureux devoir sans enthousiasme, mais consciencieusement. Il passe même des conscrits de la Marne. Il continue à arriver dans les communes des avis et des placards du préfet français. On parle de quelques jeunes gens de Chavignon qui auraient été, ces jours derniers, arrêtés à La Fère et conduits à Laon. Après un interrogatoire sommaire, ces conscrits et ceux du canton du Câtelet sont renvoyés dans leurs foyers après engagement de leur part de ne pas servir pendant la durée de la guerre.

On annonce aux notables de Laon qu'ils doivent se tenir prêts à accompagner les trains sur Reims et sur La Fère. Cependant, l'exécution de la mesure est encore ajournée. En définitive, Laon n'a pas fourni d'otages.

On apprend que Mézières a capitulé après une journée et demie de bombardement. La ville a énormément souffert, et beaucoup d'habitants y ont péri.

Mardi 3. — On ne cesse d'entendre le canon dans la direction du Nord. C'est la bataille de Bapaume qui continue.

Des uhlans se présentent au familistère de Guise demandant la route de Bohain. Des ouvriers les entourent, les menacent, se jettent sur eux et en renversent un à bas de cheval. Ils fuient en annonçant qu'ils reviendront pour se venger.

Mercredi 4. — Une colonne de 2,000 hommes d'infanterie et cavalerie, avec un certain nombre de pièces de canon, part à la fois de Saint-Quentin et de Bohain, et arrive à Guise qu'elle aborde de plusieurs côtés à la fois. Résistance assez peu sérieuse de deux compagnies de mobiles du Nord, dont un certain nombre sont faits prisonniers. La fusillade blesse plus ou moins grièvement plusieurs habitants, notamment un ouvrier auquel il faudra amputer une jambe. Le familistère de

M. Godin-Lemaire, dont les ouvriers ont attaqué hier les uhlans de passage, est vigoureusement canonné. M. Godin-Lemaire est personnellement frappé d'une amende de dix mille francs. La ferme du château de l'Étang, près Guise, est en partie brûlée. Comme partout, lourdes réquisitions.

Les Prussiens arrêtent à Reims une voiture publique venant de Soissons et contenant un certain nombre de fusils et de munitions. Emprisonnement de plusieurs personnes.

Jeudi 5. — A la fois par les journaux de Vervins et de Reims, on reçoit les premiers renseignements sur la bataille de Bapaume. Comme à Pont-Noyelles, les deux partis s'attribuent la victoire. Le général français affirme, dans un ordre du jour à son armée, qu'elle a chassé l'ennemi de toutes ses positions. Les *communiqués* imposés aux journaux de Reims constatent, au contraire, que Faidherbe a dû se retirer sur le Nord. Le *Moniteur* prussien de Reims le raille : « Dans ses « dépêches, le général Faidherbe ne se « lasse pas de battre les Prussiens et « de se retirer, poursuivi par ceux « qu'il prétend avoir chassés. Voilà une « espèce de guerre toute nouvelle dans les « annales militaires. Le vainqueur recule « et le vaincu avance. C'est ce qu'on ap-« pelle jouer à qui perd gagne. »

Cependant, les journaux du Nord annoncent, d'un autre côté, que l'ennemi qui occupait Busigny et avait coupé le chemin de fer, se retire sur Bohain et St-Quentin.

La colonne, qui a occupé Guise hier, pousse ses avant-postes sur Etreux et Boué, dans la direction du Nouvion que le préfet Achard, qui y était rentré depuis quelques jours, est obligé d'évacuer, se dirigeant avec ses employés sur Avesnes où il s'installe sans avoir été inquiété. Quelques coups de fusil sont échangés à Etreux entre les Prussiens et des mobiles.

M. l'abbé Fagard, vicaire de la cathédrale de Laon, quitte cette ville, se rendant à Ulm, porteur du produit des quêtes et souscriptions en faveur des prisonniers, et des secours que leurs familles lui ont confiés.

Le commandant prussien de la place de Saint-Quentin fait savoir aux diverses rédactions des journaux que chacun de leurs numéros doit être soumis à la censure. Les administrateurs des journaux annoncent à la commission municipale qu'en présence de cette prétention, ils sont résolus à suspendre leur publication.

Lettre du préfet prussien au maire de Laon, lui enjoignant de rappeler à tous les maires du canton que, par décret royal, la conscription est abolie dans toute l'étendue du territoire occupé ; que des conscrits partant incessamment pour le nord du département, et un certain nombre ayant déjà été arrêtés, ce qui paraît établir que les maires les forcent à partir, ce sont ceux-ci qui encourront la responsabilité des mesures les plus rigoureuses, quand il sera constaté « qu'ils n'auront « pas empêché de toute leur autorité le « départ des conscrits. »

Le même jour arrive une nouvelle circulaire du préfet Achard pour engager, sous les peines les plus sévères, les maires à expédier sur le Nouvion les hommes de la levée en masse.

Vendredi 6. — Vervins est menacé par l'ennemi. Le sous-préfet se retire à Hirson, où s'établit aussi la Recette particulière. C'est à Vervins que jusque-là les rentiers de l'Etat avaient pu toucher leurs arrérages, et les fonctionnaires publics leurs traitements.

L'*Indépendant de la Champagne*, l'un des deux journaux de Reims tolérés jusque-là par l'administration prussienne et qui apportaient dans notre département les rares nouvelles dont le public devait se contenter, est supprimé par ordre du gouverneur-général, à cause « de la te-« nue hostile continue de ce journal à « l'occupation allemande. » On veut arrêter à son domicile M. Arlot, rédacteur de l'*Indépendant* ; prévenu à temps, il peut fuir à l'étranger. Sa femme, saisie par la brusque entrée des soldats, tombe malade ; dans quelques jours, l'infortunée mourra, grossissant la funèbre liste des victimes innocentes de la guerre.

Le *Courrier de la Champagne*, le seul organe de la presse qui nous parvienne encore régulièrement, se sent menacé aussi ; il fait pressentir qu'il peut disparaître à son tour et que volontairement il suspendra sa publication, « plutôt que de « répandre dans la contrée un journal « incolore et sans esprit national... La « presse française n'aura pas à rougir de « la façon dont elle sera représentée à « Reims. »

Samedi 7. — Faux-semblant de dégel. Le temps est brumeux et sombre. La glace commence à fondre. Bientôt, le vent retournera au nord-est, et la gelée reprendra de plus belle à la surface de la terre, pendant que l'humidité, retenue par le sous-sol resté profondément durci, pourrira les jeunes plantes entre deux terres, au grand détriment de l'agriculture dont les blés vont être détruits en partie, dont les jeunes trèfles sont entièrement perdus. Quantité de plantes, d'arbustes et d'arbres même aussi périssent dans cette intempérie dont on n'a pas mémoire, comme si la somme de nos maux n'était pas assez complète, comme si nos désastres et nos ruines n'étaient pas suffisants.

On a, par l'*Echo du Nord*, des détails sur la concentration des troupes de Faidherbe. Ce général, après Bapaume, est venu à Lille presser lui-même le départ des approvisionnements et des munitions. Les corps nombreux de mobilisés, qui complétaient, dit l'*Echo du Nord* (lisez : qui commençaient à peine) leur instruction à Lille, Valenciennes, Dunkerque, rejoignent en foule l'armée du Nord « qui « renversera facilement les troupes qui « se mesureront avec elle. Son effectif lui « permettra de marcher en avant pour ne « plus s'arrêter...L'armée du Nord, c'est « le petit poisson qui deviendra grand, si « Dieu n'arrête sa vie ! » Hélas ! dans douze jours, cette vie sera bien compromise ! L'*Echo du Nord* ajoute dans son aspiration patriotique :« L'armée du Nord « aura sa large part dans la délivrance de « la capitale et dans l'œuvre commune « qui a pour but la délivrance de la patrie « en danger. »

Dans cette armée, on compte déjà un très grand nombre d'hommes venus du département de l'Aisne : anciens militaires de tous les corps, quelques conscrits de 1870 et mobiles, mobilisés surtout qui tous, après quelques jours d'exercice seulement et aussitôt qu'ils ont reçu des chassepots, dont on n'eut jamais un assez grand nombre, sont incorporés dans un même régiment, le 65e de ligne. Ce régiment est tellement nombreux que des hommes de la levée en masse, arrivés du département de l'Aisne à Valenciennes le 12 janvier, reçoivent les numéros matricules 8,522 et suivants. Peu d'officiers et trop tôt appelés à des grades supérieurs. Tout les hommes désignés pour la cavalerie sont versés dans un régiment de dragons en formation ; montures détestables. Souvent, faute de chevaux dressés convenablement, l'artillerie dût rester en arrière. On ne dira jamais assez la faiblesse insigne des ressources avec lesquelles le général Faidherbe dut et osa attaquer l'armée prussienne si supérieure sur tous les points. On ne dira jamais assez sa patriotique abnégation et celle de ses soldats auxquels il avait communiqué une grande confiance en lui, presque de la confiance en eux-mêmes, et avec lesquels il engagea deux grandes batailles dans l'une desquelles il balança le succès, et dont la seconde fut l'occasion du déploiement de

beaucoup de courage et de grandes qualités malheureusement compromises par trop peu d'instruction militaire et d'expérience, par l'absence de toute direction de la part des officiers secondaires.

Dans la nuit, les Prussiens font sauter un pont et enlèvent quelques rails sur la voie auprès de Bohain, ligne de Saint-Quentin à Cambrai. Ils semblent exécuter un mouvement vers le sud, car ils abandonnent Guise et cessent de menacer Vervins. Comme toujours, on a mal compris leurs manœuvres, et on croit à une retraite. C'est la nécessité plutôt, en face de l'audace de Faidherbe, d'agir en force et non isolément. Ils se replient plutôt que de se compromettre.

Onze jeunes gens, quatre de Vorges, deux d'Anizy et cinq de Bruyères, partent, le matin, de cette dernière commune et accompagnés de deux pères de famille, pour gagner l'arrondissement de Vervins et ensuite Avesnes où ils vont passer en révision. En sortant de Chambry, ils tombent dans une patrouille de uhlans qui battait la campagne aux environs des Barenton. Ils sont amenés à Laon prisonniers. Le maire et l'instituteur de Bruyères, le maire de Vorges sont mandés à Laon par le commandant de place, déclarés prisonniers aussi et, sur l'insistance du maire de Laon, autorisés à se loger en ville, mais sous l'engagement d'honneur de n'en pas sortir.

Arrêté de la mairie de Saint-Quentin prohibant absolument, en raison de la difficulté de communiquer avec les lieux de production et de la nécessité de conserver l'approvisionnement de la ville, la sortie des charbon, coke, bois, sel, café, chicorée, pétrole, bougies, saindoux et graisses, viandes salées et fraîches, poisson salé, fromages, riz, légumes secs, etc! Menaces de poursuites contre le transporteur et l'expéditeur. Les quelques marchandises qui étaient en gare à destination des localités voisines, sont mises en dépôt et vendues ensuite aux négociants de la ville. La misère et les privations sont extrêmes.

Dimanche 8. — La neige tombe en abondance. Le froid reprend déjà avec intensité.

Les Prussiens, très-mécontents de l'attitude de l'*Indépendance belge* à laquelle leurs bureaux de postes firent longtemps des abonnements, ne la distribuent plus que très-irrégulièrement.

Recrudescence des faux bruits. Manteuffel, ce grand stratégiste, est appelé au commandement de l'armée de l'Est menacée par un mouvement de Bourbaki et de Garibaldi ; c'est qu'il est tombé en disgrâce, pour s'être fait battre en avant d'Arras et à Bapaume. D'un autre côté , on prétend que son habileté est nécessaire dans l'Est pour déjouer la hardie combinaison de Bourbaki qui s'est jeté sur l'Allemagne avec 150,000 hommes. Le roi Léopold est déposé; la République est proclamée en Belgique qui nous envoie 100,000 soldats. Toute l'armée prussienne du Nord est concentrée à Saint-Quentin en prononce son mouvement de reculade.

Ce qui est vrai, c'est que 2,500 Saxons seulement sont à Saint-Quentin ; c'est que Chauny, Noyon et Compiègne sont à peu près vides d'ennemis ; c'est que la présence de Faidherbe, ses efforts, sa persistance de volonté empêchent Manteuffel ou son successeur de poursuivre leur expédition de Normandie.

La garnison de Laon reçoit un renfort de 200 hommes de la landwher berlinoise. On y remarque de riches négociants, même des millionnaires, des hommes de loi.

Comme les Prussiens craignent beaucoup pour la voie de Guignicourt et son beau pont-viaduc, dont ils ont tiré si grand parti pour leurs mouvements de troupes, et qui sont, dit-on, menacés par les francs-tireurs des Ardennes, une compagnie de landwher arrivée à Laon est envoyée tenir garnison à Guignicourt, et sa nourriture est mise à la charge de toutes les communes avoisinantes dans les cantons de Neufchâtel et de Craonne.

Le conseil de guerre de Lille, présidé par M. Laliré, capitaine d'artillerie en retraite et percepteur à Couvron au moment de la guerre, acquitte l'instituteur de Dizy-le-Gros, accusé d'avoir empêché de partir les jeunes gens de sa commune.

Une proclamation adressée par M. Anatole de La Forge aux gardes nationaux mobilisés des six départements formant la circonscription du camp de Bordeaux, apprend que l'ancien préfet républicain du département de l'Aisne est nommé « *vice-président civil* du camp de Bordeaux. » Ces journalistes possèdent évidemment l'aptitude universelle.

Lundi 9.—Les jeunes gens de Vorges et Bruyères arrêtés hier sont toujours enfermés à la préfecture, et les deux maires consignés à Laon. Ouverture de l'enquête. Les deux pères de famille et l'instituteur de Bruyères sont rendus à la liberté.

Arrêté du gouverneur-général de Reims déclarant coupables de félonie tous les Français qui se mettront en contravention avec le décret royal du 13 août abolissant la conscription dans les départements occupés. Tout Français domicilié dans les départements réunis au gouvernement de Reims et contre lequel il s'élèvera des charges suffisantes pour prouver qu'il a obéi à un mandat de comparution pour entrer dans l'armée française, « dans un » but hostile contre les armées alle- » mandes, tous ceux qui auront coopéré » et aidé pour amener des recrues à l'ar- » mée française et aux corps francs, se- » ront arrêtés et conduits devant l'auto- » rité militaire la plus proche pour y être » traduits devant une cour martiale et » jugés sommairement. »

Circulaire conforme du préfet prussien de Laon « qui devra être affichée à la » porte de chaque mairie sous peine d'une » forte amende. »

Des mères de famille de Château-Thierry vont trouver le commandant de place prussien pour lui demander ce qu'elles devront faire de leurs fils le jour où l'autorité française les réclamerait. « Ce jour-là, leur dit-il, vous me les en- » verrez faire viser leurs feuilles de » route..... pour la Prusse. Jusque-là » vous me répondrez de leur présence à » Château-Thierry. »

Circulaire de M. de Bismarck en réponse aux accusations de M. de Chaudordy, se plaignant d'atteintes graves portées aux lois de la guerre par l'armée prussienne. M. de Bismarck constate que les prisonniers allemands, surtout ceux qui sont tombés aux mains du général Faidherbe, ont été tenus, par un froid de seize degrés dans des greniers sans feu, sans couvertures, sans nourriture chaude et suffisante. Suivant M. de Bismarck , dans toutes les villes on n'a rien fait pour protéger les prisonniers allemands « contre » les indignes traitements que leur ont » fait subir les populations. » C'est un devoir de protester au nom des villes de Laon où un Prussien blessé amené à l'Hôtel-Dieu en août a été si bien traité, et de Saint-Quentin dont se sont hautement loués, dans une lettre rendue publique, des prisonniers faits en octobre dernier.

Dans un tableau annexé à sa circulaire et comprenant les violations de la convention de Genève commises jusqu'à ce jour par les Français, M. de Bismarck cite ce fait qui est le numéro 30 de ceux incriminés : « 11 décembre ; La Fère. Ar- « restation d'une ambulance avec cent « blessés ou malades. Toute l'ambulance « a été prise et menée à Calais. »

Mardi 10. — MM. Fontaine, maire de Bieuxy, et Tassart, maire de Tartiers et membre du conseil d'arrondissement de Soissons pour le canton de Vic-sur-Aisne, sont arrêtés sous l'accusation d'avoir pesé sur le départ de leurs jeunes soldats. Condamnés par le conseil de guerre, ils seront transportés en Allemagne d'où ils ne reviendront qu'au commencement de mars. — Les maires de Bruyères et Vorges sont toujours internés à Laon. Celui d'Anizy a refusé de se constituer prisonnier.

L'armée du Nord a reçu par la mer et la rade de Dunkerque des marins et de la cavalerie.

De Cambrai, on signale une nouvelle pointe de la garnison prussienne de Saint-Quentin sur Busigny. Le chemin de fer a été coupé, ainsi que le télégraphe, et la gare est occupée militairement. La ligne de Cambrai à Avesnes et Maubeuge est donc interrompue de nouveau.

Mercredi 11. — La neige tient sous l'influence d'une gelée inteuse.

Il est évident que les armées en présence dans le Nord se préparent à une action sérieuse. Faidherbe s'est mis en mouvement. Le quartier-général et l'armée du Nord se sont portés en avant de Boisleux. Les reconnaissances de la division Derroja ont enlevé des grands-gardes prussiennes à Behagnies et Sapignies, et ont chassé les derniers Prussiens de Bapaume. On a dit que Busigny avait été pris aussi ; c'est une erreur. Entre cette gare et celle d'Aulnoye, des uhlans ont tiré sur un train et blessé quelques voyageurs. Des chasseurs d'Afrique et des spahis arrivant d'Algérie, viennent de rejoindre l'armée française à Arras. D'un autre côté, le chemin de fer de Reims à Laon est incessamment sillonné de trains chargés de troupes prussiennes et de munitions, et se dirigeant vers le Nord.

M. de Landsberg a convoqué par une lettre-circulaire les membres du conseil général de l'Aisne qu'il tient toujours comme existant, malgré le décret du 25 décembre qui a dissout les conseils généraux et d'arrondissement. Il veut sans doute leur demander, en vertu de la circulaire de M. de Bismarck, d'intervenir en faveur de la cessation des hostilités. Parmi les conseillers généraux, les uns répandent qu'ils ne peuvent venir, alléguant des maladies ou d'autres raisons; d'autres gardent un silence absolu. Trois seulement se rendent à Laon, mais ne se présentent pas à la préfecture.

On apprend la capitulation de Péronne qui s'est rendu après un bombardement de trente heures pendant lequel la ville a affreusement souffert. Les assiégeants avaient fait venir de La Fère des pièces d'une portée énorme qui leur permettaient d'atteindre la ville, sans souffrir eux-mêmes du feu de son artillerie.

On affirme que Bourbaki avance de l'Est sur le Nord.

Le général von Gœben remplace Manteuffel. On assure que son projet est de tourner l'aile gauche des Français et en même temps de bombarder Cambrai, ville au sud de laquelle il concentre son armée qui est placée de façon, en cas de défaite, à se retirer sur La Fère et Laon, et, en cas de succès, à rejoindre les troupes qui opèrent en Normandie.

Jeudi 12. — Publication (proclamation) en deux langues du gouvernement général de Reims, affichée à grand nombre d'exemplaires et publiée au *Moniteur officiel* prussien, annonçant que Désiré Laly, âgé de quarante-six ans et né à Fère-en-Tardenois, convaincu de participation à l'attaque dirigée à main armée contre le courrier de la poste allemande, lors de son passage dans la forêt de Dôle, près Fismes, vers la fin de septembre 1870, a été condamné à mort par le conseil de guerre de Reims et passé par les armes hier dans cette ville. Le journal qui parle de cette exécution, ajoute « que « *l'affluence des curieux était considérable* « à Reims.» Odieuse et horrible populace qui ne veut pas même se priver du spectacle du supplice d'un concitoyen mis à mort par l'ennemi. — Le maire de Fère-en-Tardenois, qui s'est dérobé par la fuite à la vengeance de l'ennemi, est condamné à mort par contumace.

Saisie chez un loueur de voitures de Soissons de paquets en certain nombre contenant des dépêches, des journaux et des lettres venus par ballons et transmis de Tours et de Bordeaux vers le nord de la France.

Le vainqueur s'ennuie de ne pas toucher assez vite ses contributions et de recevoir des réclamations. Une ordonnance du gouverneur-général de Reims annonce aux communes en retard qu'elles auront à payer une amende de cinq pour cent en sus de la somme à recouvrer, et que la remise de 4 0/0 affectée aux maires cessera d'être payée dans le cas de retard. Une circulaire du commissaire-général des contributions Pochhamber prévient les maires qu'il aient à « s'éviter des réclamations stériles » à propos de la capitation de cinquante francs par habitant.

Une colonne de mobilisés de l'arrondissement d'Avesnes, envoyée pour couvrir le Nouvion, rentre à Avesnes dans un état complet de débandade « et don-

« nant des signes d'une violente indisci-
« pline.»

Proclamation irritée du général Faidherbe, en apprenant que Péronne s'est rendue. Le commandant de Péronne, chef de bataillon Garnier, sera traduit en conseil de guerre.

Les prisonniers de Péronne, au nombre de 3,000 environ, arrivent à La Fère à pied excédés de fatigue, et sont logés aux casernes et dans les établissements de l'Etat. Secours et soins empressés donnés par les habitants.

On signale de Saint-Quentin l'arrivée de 1,000 Prussiens.

Les francs-tireurs des Ardennes, en ce moment à Hirson, arrêtent sur la route de Vervins à Reims un personnage aux manières distinguées qui voyage en calèche avec une jeune Italienne, et qu'on signale comme un espion allemand. On saisit sur sa compagne une somme importante en billets de banque. On le conduit à Avesnes où on le reconnaît, dit-on, pour un Prussien qui aurait habité Paris où il dirigeait un important établissement industriel.

Vendredi 13. — L'avant-garde de l'armée française du Nord arrive à Albert, se dirigeant vers le département de l'Aisne. Le général Robin est à Bapaume, le général Derrojat à Achiet, et l'état-major toujours à Boisleux. Les belligérants n'ont pas encore choisi leurs postes de combat. Bien que ni l'un ni l'autre n'ait encore pris l'offensive, ils sont trop rapprochés pour que la lutte n'éclate pas bientôt. Des engagements d'avant-postes la font pressentir. Les lignes françaises s'étendent au nord-ouest des lignes prussiennes ; la droite de celles-ci débordant par Cambrai la gauche des premières.

Les prisonniers de Péronne passent à la gare de Laon, se rendant en Allemagne.

Des soldats français blessés et soignés à l'Hôtel-Dieu de Laon, parviennent à s'évader sous des habits bourgeois.

L'autorité allemande qui siége à Reims suspend le *Courrier de la Champagne* Le lendemain, elle lève l'interdiction.

Ces jours derniers, un poteau télégraphique a été abattu sur le terroir d'Athies. On n'est pas bien fixé sur la cause de cet accident qui, du reste, ne peut être imputé à la malveillance des habitants. Cinquante cavaliers, partis de Laon, arrêtent le maire et l'adjoint d'Athies qui ne recouvrent leur liberté qu'en payant une amende de 1,000 francs. — Un peu auparavant, le fil télégraphique avait été rompu aux environs de Bazoches, en-

tre Braine et Fismes. Une amende de 2,000 francs fut levée sur les communes de Bazoches, Mont-Notre-Dame, Limé et Braine.

Entre Couvron et Crépy, un train qui passait reçut deux ou trois coups de feu, le soir. On arrête pour la troisième fois M. Belseur, maire de Crépy, qui paye une rançon de 2,000 francs. — Braine, ces jours passés, en avait payé une de 8,000 francs, pour des coups de fusil tirés en octobre et on ne sait pas bien par qui, près d'un corps de garde placé aux environs de la gare. L'affaire dormit près de trois mois et ne se réveilla qu'au moment où un emprunt fut contracté pour le paiement des contributions.

Samedi 14. — On apprend que l'armée de Chanzy a été battue en avant du Mans et qu'elle est en retraite à la fois sur Alençon et dans la direction de Rennes.

L'armée du Nord est à Albert et se remettra en marche demain. On se bat vers Albert et Achiet. Le gros des Prussiens occupe toujours la rive gauche de la Somme. L'avant-garde française marche dans la direction du Câtelet et de Vermand.

L'armée de Faidherbe reconnaît les passages de la Somme dont les ponts ont été coupés par l'ennemi qui a barricadé les villages de la rive gauche. Les routes sont extrêmement glissantes.

L'autorité prussienne opère une descente à l'imprimerie du *Courrier de Saint-Quentin*, arrête le rédacteur, M. Léon Magnier, et pose les scellés sur l'imprimerie.

A Laon, l'autorité militaire ordonne à la mairie d'approvisionner la citadelle de vivres pour quinze jours. Réquisitions de bestiaux dans les communes voisines.

Le préfet prussien notifie au maire de Laon une liste de huit jeunes gens de la ville qui sont partis pour rejoindre l'armée du Nord. Il le sait par une dénonciation et somme le maire de lui dire si elle est fondée. Refus d'obtempérer à cette injonction. — Une autre lettre de M. de Landsberg à M. Vinchon ordonne à celui-ci de distribuer aux maires du canton le placard contenant l'arrêté du 9 janvier relatif aussi au recrutement, et ce sous peine d'une amende personnelle de 200 francs. Nouveau refus d'envoyer ces affiches aux maires et même de les apposer dans la ville. Le préfet les envoie directement dans les communes et fait sommer l'afficheur public de les placarder à Laon. Cette publication n'a pas lieu.

Les maires de Bruyères et de Vorges,

relâchés sur parole, sont rappelés à Laon devant le conseil de guerre qui va statuer sur le sort des onze jeunes gens arrêtés à Barenton samedi dernier.

Quelques uhlans font une nouvelle apparition à Guise, enlèvent le drapeau de la mairie et disparaissent.

Dimanche 15. — La peste bovine fait des ravages de plus en plus considérables dans la campagne de Laon et dans les fermes de Vaux et de Loizy où elle a été importée par un troupeau venu d'Allemagne. On prend des précautions même contre les habitants. Un cordon sanitaire est formé autour de la ville pour empêcher la propagation de la contagion. Affiches interdisant la circulation des bêtes à cornes. Les règles édictées par le décret du gouvernement général de Reims du mois de septembre seront sévèrement exécutées. L'amende « jusqu'à la hauteur « de 1,000 fr., sera appliquée dans toute « sa vigueur. »

Une colonne de 500 hommes, avec du canon, appartenant à la garnison prussienne de Saint-Quentin, quitte la ville vers neuf heures du matin, marchant vers Le Câtelet et Bellicourt où les éclaireurs de l'armée française ont été signalés la veille. Elle rencontre un détachement assez fort avec lequel elle échange une canonnade très-vive entendue à Saint-Quentin jusqu'à quatre heures du soir. Les Français pliaient, quand un autre détachement, sous le commandement du colonel Isnard, venant de Masnière, leur porte secours et l'ennemi bat en retraite. Les Prussiens rentrent le soir en chantant, sans doute pour faire croire à leur victoire. Cependant, on sait que les Français approchent.

Les Prussiens en garnison à Laon annoncent que leur armée devant Paris a repoussé une grande sortie.

Le temps reste toujours très-froid par une bise violente.

Lundi 16. — Dès huit heures du matin, les éclaireurs français, précédant une colonne assez forte, pénètrent dans Saint-Quentin par le faubourg d'Isle, pendant que la garnison de Cambrai fait une démonstration sur un autre point. Les zouaves du Nord se précipitent en ville par différents côtés à la fois. Depuis le matin et même dans la nuit, les Prussiens se préparaient à partir. On leur livre bataille; et ils quittent la ville, laissant prisonniers un certain nombre d'hommes et de chevaux, aussi quelques voitures de provisions, de caisses et de tabac que nos soldats se partagent. Les journaux du Nord prétendent qu'avec plus de promptitude

et de décision, on eût pu s'emparer de tout le détachement qui occupait la ville.

Les Prussiens sont attaqués à Rocourt (banlieue de Saint-Quentin) et se replient vers Ham, perdant encore du monde et deux canons.

En quittant Saint-Quentin, les Allemands emmènent prisonnier M. Léon Magnier, rédacteur du *Courrier de Saint-Quentin*, et ils lancent sur la ville quelques obus qui ne causent que peu de dégâts. On salue et on reçoit avec enthousiasme nos soldats vainqueurs ; quelques blessés parmi eux. Un habitant tué par une balle perdue.

Le colonel Isnard, commandant de la colonne qui occupe Saint-Quentin, enjoint à tous les habitants qui auraient chez eux des militaires allemands, d'en faire, sous peine de poursuites sévères, la déclaration à l'autorité militaire française.

Dans la soirée, on apprend à Laon par des voyageurs que Saint-Quentin est réoccupé par nos troupes. Il est facile de voir que la garnison prussienne est très préoccupée de ce qui se passe non loin d'elle. Les postes sont doublés. On dit déjà que les Français, maîtres de Saint-Quentin, vont pousser une pointe sur La Fère. Pendant la nuit, deux compagnies partent pour cette ville dont la garnison est, comme celle de Laon, livrée à la plus grande agitation. Les portes sont fermées.

Le temps s'est bien détendu. Le dégel commence doucement. Il est complet à la fin de la journée.

Mardi 17. — Evidemment, il s'apprête quelque chose de très grave. Depuis deux jours, depuis deux nuits surtout, le chemin de fer amène de Reims d'immenses convois pleins de troupes. Une personne qui arrive de Soissons assure qu'il passe à la gare de cette ville énormément de soldats arrivant du côté de Paris et se dirigeant sur Reims. Ce sont sans doute ceux-là qui de cette ville descendent sur Laon et La Fère. On apprend aussi de Chauny que des Prussiens arrivent en grand'nombre de Compiègne et se portent sur Ham où se concentrent des troupes venant d'Amiens. A l'aide des chemins de fer dont il use si habilement, l'ennemi se masse devant les Français qui débouchent de Saint-Quentin. C'est là que l'action se prépare.

Les Prussiens ont placé des sentinelles sur la plus haute tour de la cathédrale de Laon, étudiant ainsi à leur aise l'immense plaine qui se déroule vers le nord, et attendant sans doute des signaux. On emmagasine toujours des vivres dans la citadelle où, le soir, la garnison refuse de s'enfermer; elle campe au palais-de-justice. Dans la journée sont arrivés des mineurs qui vont pratiquer les fourneaux à l'aide desquels ils démantelleront la citadelle.

Les troupes françaises continuent à arriver et se massent à Urvillers, Mézières-sur-Oise et dans les autres villages au sud de Saint-Quentin.

Le quartier-général de Faidherbe, qui était, le 15, à Albert, est transporté à Vermand qu'un corps prussien abandonne, à l'approche des Français.

Plusieurs journaux de Lille se plaignent amèrement de la lenteur que l'armée française met à passer la Somme et à se porter à la délivrance d'Amiens d'abord, de Paris ensuite. L'*Echo du Nord* blâme cette irritation nerveuse et, ce jour là 17, semble pris d'un pressentiment lugubre ; il sait déjà que von Gœben a reçu des renforts, et il pense que la facilité donnée aux Prussiens par la possession des voies ferrées pour appeler de nouvelles troupes presque instantanément, même de Paris, impose à Faidherbe une circonspection extrême dans sa marche offensive.

Mercredi 18. — Les sentinelles placées sur les tours de la cathédrale de Laon, sont encore à leur poste.

Une partie du 22e corps français, posté à Roupy (15 kilomètres au sud de Saint-Quentin) et à Vaux (canton de Saint-Simon), et qui, faute de cavalerie, ne se garde pas convenablement, est surpris. Les mobiles du Gard se débandent ; ceux de Seine-et-Marne tiennent solidement avec le 43e de ligne et le 23e chasseurs. Le 23e corps arrive sur le champ de bataille et prend position. On se bat aussi à Séry-les-Mézières (canton de Ribemont). La ligne de bataille n'est pas entamée. La nuit survient ; chacun couche dans ses positions respectives.

L'armée française, qui marche depuis trois jours et se bat depuis deux, est très fatiguée. On dit que Faidherbe doit la passer en revue demain, avant de poursuivre sa marche en avant.

Ce général porte son quartier général de Vermand à Saint-Quentin. Une lettre de Lille dit qu'il a pour but une pointe sur Laon, Soissons et Reims, afin de donner la main à Bourbaki qui opère de l'Est sur le Nord.

Jeudi 19. — A la gare de Laon, on a vu passer encore, pendant la nuit, des trains conduisant à l'armée prussienne des renforts venant de Reims. Même mouvement pendant la journée. De La Fère,

on signale un train qui passe dans l'après-midi.

Même départ de troupes d'Amiens où l'on croit que l'ennemi effectue une évacuation définitive.

Les tours de la cathédrale de Laon servent toujours d'observatoire aux sentinelles allemandes. Depuis le matin huit heures, on entend une violente canonnade dans la direction de Saint-Quentin.

C'est à cette heure-là que von Gœben, qui a reçu des renforts considérables et en attend d'autres encore qui vont arriver successivement, attaque l'armée du Nord dont le 23e corps, appuyé à Saint-Quentin, a sa première division à Neuville-Saint-Amand et Gauchy, et sa seconde à Grugis et à Castres. Le 22e corps est établi à Savy, malheureusement séparé du 23e par le canal Crozat. On n'est en communication facile, mais trop longue, que par Saint-Quentin. Les Allemands ont leur seizième division à droite, la quinzième au centre, et une division de cavalerie à gauche, chacune avec son artillerie respective, un corps d'artillerie formant réserve.

A dix heures, la bataille est engagée sur toute la ligne, de Savy dont les bois ont été attaqués par l'infanterie prussienne, jusqu'à Itancourt des hauteurs duquel une colonne d'infanterie aussi s'élança sur le général de Bessol avec une impétuosité qui ne s'arrêta que devant une résistance énergique qui fait plier l'ennemi bientôt soutenu par de nouveaux bataillons. Notre artillerie, de ce côté, qui ne se compose d'abord que de pièces de quatre, est écrasée par le feu convergeant de plusieurs batteries prussiennes qu'une batterie de 12, amenée à propos, réduit presque au silence. De nouveaux canons sont mis en ligne par les Allemands. Le général de Bessol est blessé grièvement par un éclat d'obus qui le frappe au bas-ventre ; mais le général Deroja conserve son avantage jusqu'à deux heures de l'après-midi, et le 23e corps semble gagner du terrain sur ses adversaires.

Il n'en est pas de même à Savy pour le 22e corps qui a trop allongé sa ligne, n'a que des réserves insuffisantes et plie devant l'ennemi qui concentre ses forces et menace d'enfoncer le centre des Français que le 23e corps a ordre de soutenir par des renforts qui n'arrivent pas à temps. D'ailleurs, vers trois heures, le 23e corps lui-même a perdu ses avantages et court le danger d'être jeté sur Saint-Quentin et d'être tourné sur sa gauche par une forte colonne prussienne opérant entre Neuville et le Mesnil-Saint-Laurent,

A trois heures et demie, les mobiles lâchent pied ; on les rallie à Gauchy, mais déjà en arrière de leurs positions du matin, pendant qu'une batterie de huit contient un instant les assaillants auxquels elle fait éprouver des pertes considérables.

A quatre heures, la bataille est perdue sur toute la ligne, bien que toutes les positions soient encore défendues avec énergie. L'artillerie française a dû déjà rétrograder et s'établir sur les collines les plus rapprochées de Saint-Quentin ; mais, sous l'action de l'artillerie prussienne qui s'est assise sur les positions que nos canons occupaient le matin, sous la pression des charges de cavalerie à gauche, et à droite de la marche en avant de la 16e division ennemie qui gagne du terrain, il faut opérer la retraite que quelques bataillons du 22e corps soutiennent solidement d'abord. Bientôt les batteries ennemies paraissent sur les collines qui dominent les chemins suivis par nos troupes ; celles-ci souffrent cruellement d'un feu terrible et incessant. La retraite se change en déroute. L'armée traverse Saint-Quentin au pas de course, pendant qu'on se bat encore dans le faubourg et en avant du canal.

Bientôt toutes les batteries prussiennes, placées en demi-cercle autour de la ville, y lancent des obus pendant que la 16e division aborde Saint-Quentin par la gare où l'on se bat encore quelque temps, et la 15e par la route de Paris, ramassant les blessés, les fuyards restés en ville, les soldats qui luttaient jusqu'au bout. La masse de l'armée française se retire par la route du Câteau, le corps du général Paulze d'Ivoy par celle du Câtelet, et la cavalerie par Montbrehain avec le général Faidherbe qui s'établit un instant à Cambrai.

Une dépêche officielle du quartier-général de Versailles évalue ainsi les pertes des deux armées : pour les vainqueurs 3,000 soldats et 94 officiers morts ou blessés ; pour les Français 16,000 tués, blessés, ou prisonniers. Le *Moniteur* prussien de Reims, du 21, annonçait que l'administration du chemin de fer avait reçu l'ordre de préparer les trains nécessaires « pour transporter 14,000 prisonniers « faits dans les combats de St-Quentin.» Dans un rapport sommaire adressé par le général Faidherbe au commissaire général Testelin à Lille, le 20 janvier, on lit : « Nous avons fait de fortes pertes. » Dans la ville elle-même de Saint-Quentin, les obus prussiens causent la mort de trois personnes, d'assez nombreuses blessures et des dégâts matériels

qu'on estime à une somme d'environ 340,000 francs.

Dans la nuit, un grand nombre de prisonniers français s'échappent de Saint-Quentin, notamment près de deux cent cinquante de ces marins qui se sont comportés avec tant de vaillance et ont fait acheter si cher sa victoire à l'ennemi. Ils ont chargé, leur terrible hache d'abordage à la main, abattant tout ce qui leur tenait tête et ne cédant qu'au nombre. Telle a été à certains endroits la masse des morts qu'ils se tenaient debout. Parfois, on rencontrait des épaisseurs de trois ou quatre cadavres.

La ville est livrée à l'émotion d'une occupation tumultueuse. Les maisons sont encombrées de blessés. Les soldats prussiens paraissent très affectés de la multiplicité et du caractère sanglant des combats qu'ils ont à soutenir. Leurs officiers donnent de grands éloges au caractère et aux talents militaires de Faidherbe.

Vendredi 20. — Les maires de Bruyères et de Vorges sont mandés à Laon pour entendre lecture de l'arrêt du conseil de guerre qui les renvoie de la poursuite, affaire des conscrits de ces communes arrêtés auprès de Barenton. Quant aux jeunes gens, déclarés coupables de désobéissance et de forfaiture à l'arrêté royal contre le recrutement, ils sont condamnés à être internés en Allemagne pendant toute la guerre et sont envoyés à Ulm ; ils n'y souffriront guères plus qu'à Reims où ils ont été assez mal traités.

Les tours de la cathédrale de Laon sont veuves de leurs guetteurs improvisés ; l'ennemi n'a donc plus rien à redouter. La garnison est plus calme. Il circule déjà des bruits vagues de défaite à Saint-Quentin. Les Prussiens disent qu'ils ont repris cette ville et fait beaucoup de prisonniers; les nouvelles françaises font complétement défaut. Cependant, l'après-midi, un train passe qui contient déjà des prisonniers et des blessés. Un autre train emporte des morts qu'on va, dit-on, enterrer au camp de Châlons converti en une nécropole allemande.

Le matin, la ville de Cambrai voit arriver les premiers détachements de l'armée battue à Saint-Quentin. C'est un spectacle désolant. Les routes, couvertes d'une boue noire et liquide, sont sillonnées de mobiles et de mobilisés qui, harassés, glacés, affamés, à bout de forces, cheminent péniblement, en silence, presque désespérés, glissant dans la fange. Pas un officier qui les encourage du geste, de la voix, de l'exemple. Ceux qui ne peuvent plus avancer tombent ou se couchent sur la terre détrempée. Leurs souliers de carton, cet horrible produit de la spéculation la plus effrontée, la plus scélérate, la plus anti-patriotique et dont on aurait dû pendre les agents infâmes en tête de l'armée sans forme de procès, leurs souliers de carton tombent en lambeaux, n'existent plus, livrant leurs pieds aux excès de l'humidité, comme ils les livraient tout-à-l'heure aux excès de la gelée. Certains ont aux pieds des sabots, quelques-uns un sabot et un soulier éculé ; beaucoup sont tout à fait déchaussés. Il en est qui tombent d'inanition. C'est une déroute de Moscou.... en pleine France ! Les soldats entrent à Cambrai par petits groupes, presque jamais en ordre. Ce n'est plus une armée. La ville est atterrée, comme le seront Douai, Valenciennes, Lille tout à l'heure.

On commence à enterrer les morts de la bataille de Saint-Quentin. Dans la ville et sur le théâtre de la lutte, les Prussiens brisent et détruisent toutes les armes. Les enfants leur font concurrence et s'emparent des fusils, des cartouches, des pistolets, des baïonnettes ; avec ces armes ils simulent des combats. Il y a déjà des accidents à constater.

Dans la nuit du 20 au 21, on voit arriver dans les villages du Laonnois des mobiles et mobilisés qui se sont échappés du champ de bataille, soit au moment de la retraite, soit de la ville où ils avaient été faits prisonniers. Ils apportent les premiers détails de cette funeste journée, souvent des détails erronés, mais malheureusement trop concordants pour que le doute soit permis.

Samedi 21. — C'en est donc fait. Les trois armées françaises qui ont pris l'offensive, à l'ouest, à l'est, et au nord, ont été repoussées. Les nouvelles de l'insuccès de Saint-Quentin sont trop certaines. Que reste-t-il à apprendre ?...

Dans la journée, le *Courrier de la Champagne* apporte une dépêche prussienne annonçant qu'une grande sortie de l'armée de Paris sur Montretout a été repoussée. Cette dépêche est la première qui soit signée par l'empereur d'Allemagne, roi de Prusse. Parlant à l'Europe, ce prince n'a pas dû nous tromper.

On reçoit à Valenciennes des convois de l'armée du Nord arrivant de Saint-Quentin. Désordre, désarroi public.

Une colonne prussienne, partie de St-Quentin, paraît devant Cambrai où elle lance plusieurs obus.

Arrivée de Gambetta à Lille ; réception enthousiaste.

Les premiers fuyards de l'armée du Nord entrent dans Lille qui, lisons-nous dans l'*Indépendance belge*, « offre un aspect aussi triste que pittoresque. Ainsi « qu'il advient après toute défaite, les « écloppés et les fuyards affluent, promenant par les rues leurs mines piteuses et leurs vêtements en loques, les « uns empochant discrètement l'offrande « des âmes charitables, les autres pérorant au milieu de groupes sans cesse « grossissant. »

A son tour, Faidherbe arrive. Il est reçu par Gambetta. Ils vont s'occuper de concert à reconstituer l'armée.

Les mesures militaires contre les communes en retard pour le paiement de leurs contributions commencent. De Laon partent, dans la direction de Coucy-le-Château, des détachements armés qui accompagnent des charriots qu'on croit destinés à rapporter les résultats du pillage. Ils servent tout simplement à éviter la fatigue aux soldats de l'expédition. On comprend cependant que ce spectacle excite les appréhension de la population.

600 Saxons, venant de Guise, arrivent à Etreux et poussent des éclaireurs jusqu'au Nouvion et même à Landrecies.

Saint-Quentin n'est plus qu'une vaste ambulance. Beaucoup d'habitants ont voulu recueillir chez eux des blessés dont deux mille, et plus peut-être, reçoivent les soins les plus assidus chez les citoyens même que les charges effroyables de cette écrasante occupation ont le plus éprouvés, chez ceux qui ont à peine de quoi se nourrir, et les journaux de Cambrai, qui pendant deux mois se sont montrés si impitoyables pour la malheureuse ville de Saint-Quentin, sont obligés de rendre justice à cette charité si pleine de patriotisme.

Dimanche 22. — Un second train de 1,200 prisonniers de Saint-Quentin passe à la gare de Laon.

On apprend qu'à la suite de l'affaire de Montretout, l'armée de Paris a demandé un armistice pour enterrer ses morts.

Un grand mouvement s'opère sur tous nos chemins de fer. Ce sont les troupes prussiennes appelées tout à l'heure et de partout par von Gœben, qui regagnent les unes Paris, les autres Compiègne, les autres Amiens, rassurées qu'elles sont contre tout mouvement offensif de la part de l'armée de Faidherbe, réduite pour le moment à l'impuissance.

Ordre du jour de Faidherbe à son armée. Il la félicite de son courage et semble lui annoncer qu'après quelques jours de repos, l'ennemi la retrouvera debout sur de nouveaux champs de bataille. Il ne lui a été enlevé que les traînards, et « ces fameux preneurs de canons n'ont « pas encore touché à une de nos batte- « ries. »

Les soldats débandés rentrent en masse à Lille d'où Faidherbe va repartir bientôt.

En rendant compte de la bataille de St-Quentin, le *Courrier de la Champagne* dit, sur la foi des journaux du Nord, que si les Prussiens ont été vainqueurs, c'est grâce à un renfort de 80,000 hommes qu'ils ont reçu de Paris.

Exécution militaire à Châlons de deux ouvriers de Vieils-Maisons, les nommés Jacques et François Lecourtil, du sieur Jules Leroy, instituteur à Vendières, (ces deux communes appartiennent au canton de Charly), et du sieur Auguste Choron, maçon à Verdelot (Marne),arrêtés,le vendredi précédent, sous l'accusation d'avoir participé à l'attaque à main armée d'un convoi allemand aux environs de Montmirail, et d'avoir blessé des hommes de l'escorte. Ils sont jugés le samedi par le conseil de guerre, entendent leur sentence le dimanche à sept heures du matin et reçoivent les derniers secours de deux prêtres de la ville. Conduits en voiture au champ de manœuvres, ces quatre infortunés tombent sous les balles prussiennes.

Lundi 23. — Communiqué prussien au *Courrier de la Champagne*,disant qu'il est matériellement impossible que l'armée de Paris ait expédié 80,000 hommes à von Gœben. Dans deux jours un autre *communiqué*, répondant au rapport de Faidherbe,dira sans autre commentaire : « Il paraît que le général Faidherbe n'a « pas encore reçu le rapport lui annon- « çant la perte de six canons à Saint- « Quentin. » Ces six pièces de faible calibre ne furent pas enlevées à l'armée de Faidherbe qui ramena sains et saufs à Cambrai, toute son artillerie, ses munitions et ses convois, mais aux barricades du faubourg d'Isle où, trois jours auparavant, ces canons de montagne avaient été mis en batterie par la troupe du colonel Isnard.

Les généraux Faidherbe,Farre et Paulze d'Ivoy travaillent, à Lille , avec Gambetta. Le général Robin, qui a disparu pendant la bataille de Saint-Quentin, est démis de ses fonctions.

On agite la question d'inonder tout le département du Nord. Douai est menacé. Investissement et bombardement de Landrecies,

Les nouvelles de Paris sont attristantes.

Toute la journée, des trains de prisonniers se succèdent à la gare de Laon.

Trente dragons prussiens paraissent au Nouvion et imposent à la ville une contribution de guerre de 250,000 francs et d'une douzaine de chevaux qu'on ne peut leur payer. Ils s'éloignent en menaçant et en enlevant deux otages. Dans les communes voisines , d'autres détachements font des réquisitions de bestiaux et d'avoines, et détruisent un pont sur le canal de la Sambre.

Mardi 24. — Dans l'arrondissement de Saint-Quentin et dans le nord de celui de Vervins, les mouvements des troupes prussiennes sont incessants. Ils sont incompréhensibles. Certains disent qu'elles se retirent, d'autres qu'elles se concentrent. Ces mouvements continuels, nous disait un officier prussien, font partie de notre tactique ; ils tiennent nos soldats en haleine, étonnent l'ennemi, le préoccupent, masquent nos opérations sérieuses et empêchent que notre vrai plan soit percé à jour.

Les lettres du dehors n'arrivent plus, ou sont extrêmement rares. A Laon, le cabinet du juge de paix, transformé depuis trois mois en bureau de poste, est encombré de sacs de dépêches qui s'accumulent, dit-on, et on ne les ouvre pas. Certains prétendent que les Prussiens ont brûlé une masse de correspondances. C'est une erreur. La plupart de ces lettres seront distribuées après la signature des préliminaires de paix.

Sous le titre de marchands de tabac, des colporteurs nombreux et circulant avec précautions, sillonnent les campagnes où ils introduisent les journaux des pays non envahis, ceux de Vervins à peu près régulièrement, quelquefois l'*Indépendance belge*. L'autorité prussienne le sait, mais ne peut les saisir. Les marchands-colporteurs de journaux et de livres sont, par ordre du gouverneur-général,astreints à se pourvoir d'une permission spéciale. Une circulaire du baron de Landsberg force les maires à publier cette ordonnance.

Un détachement prussien parcourt les communes des environs de Marle, faisant d'importantes réquisitions de chevaux pour le service de l'artillerie sous Paris.

On signale toujours de petits détachements de francs-tireurs dans les environs de Château-Thierry,surtout dans le canton de Condé-en-Brie.De nombreuses patrouilles battent le pays sans résultats sérieux. On veut forcer les maires et les principaux habitants à dénoncer les retraites de ces francs-tireurs, et, sur leur refus, on emmène prisonniers à Château-Thierry presque tout le conseil municipal de Condé, les maires de Saint-Eugène et de Montfaucon, et même le curé de cette commune qui fait preuve d'une grande résolution de caractère.

Mercredi 25. — 10,000 Prussiens quittent le Câteau dans la direction de Saint-Quentin où 2,000 font leur entrée. Pillage de quelques magasins. Violences sur des habitants. La ville est pleine de blessés allemands.

La ville de Guise reçoit une nouvelle visite des Prussiens qui, avant-hier, avaient demandé 500,000 francs et des chevaux. Ils quittent la ville en enlevant comme otages MM. Azambre, Delorme et Devillers, médecin.

Gambetta quitte Lille le soir, regagnant Laval par la voie de mer, et il s'embarque à Calais.

L'ennemi semble s'être concentré autour de Saint-Quentin et d'Amiens. Il a même quitté Landrecies qu'il a bombardé pendant une journée. Le pays entre Cambrai et Douai, hier encore couvert d'éclaireurs allemands, est complétement libre, et les trains ont repris leur service régulier sur Arras.

Jeudi 26. — Les renseignements qui arrivent de Paris montrent une situation très tendue : Trochu a dû donner sa démission de gouverneur, et Vinoy lui succède comme général en chef. On dit que Jules Favre est allé en parlementaire à Versailles.

Si on en croit les bruits qui courent à Laon, le baron de Landsberg essaie de sonder l'opinion sur la possibilité d'une restauration bonapartiste et aurait trouvé, dans les campagnes, certains esprits disposés à ne pas repousser de telles éventualités.

Un ballon passe au-dessus de l'arrondissement de Saint-Quentin et va tomber aux environs de Cambrai.

Vendredi 27. — Les bruits de la capitulation de Paris prennent plus de précision.

Pour l'instant, l'extrême lisière de l'invasion dans le nord ne dépasse pas le Câtelet d'où, suivant le système invariable de l'ennemi qui ne connaît pas le repos, rayonnent de petites colonnes d'observation et une nuée de cavaliers qui battent la campagne.

Toute l'artillerie et le matériel qui se trouvait dans la citadelle d'Amiens est, par voie de réquisition, transporté à Saint-Quentin et un peu plus tard à Laon d'où les canons, parqués d'abord sur le Champ-Saint-Martin, partiront en chemin de fer pour l'Allemagne pendant l'armistice.

Samedi 28. — Les officiers prussiens de la garnison de Laon affirment que les négociations sont décidément et franchement ouvertes.

Un train prussien, composé de trente wagons transformés en ambulances parfaitement aménagées, passe à la gare de Laon, venant de Saint-Quentin.

Dimanche 29. — Le commandant de place de Laon annonce comme officielle la capitulation de Paris. C'est probable. Est-ce possible ? On veut douter encore. L'opinion publique obéit à deux courants hostiles. Ceux qui, depuis six mois, ont conservé et soigneusement entretenu l'espoir du succès final, sont atterrés : c'est la défaite irrémédiable. Ceux qui, depuis la même époque, étudiant sérieusement nos moyens, nos ressources, ont cru fermement qu'on les ruinait à toujours par une résistance qui n'aboutirait qu'à un plus grand désastre, voient avec désolation se confirmer leurs craintes et s'accomplir une calamité prévue, mais qui n'en est pas moins attristante. C'est l'heure où il faut rompre avec toutes les illusions du patriotisme, où il faut reconnaître que la désastreuse nécessité de la capitulation de Paris était inévitable, puisque personne ne pouvait porter un secours utile à cette malheureuse ville. Nos armées, pleines d'une résolution qu'il faut d'autant plus admirer qu'elles étaient plus jeunes, plus inexpérimentées, sont refoulées partout, celle de Chanzy à l'ouest, celle de Faidherbe au nord, celle de Bourbaki à l'est ; de celle-là on reçoit les plus mauvaises nouvelles. Paris ne pouvait pas être sauvé....

Les journaux belges apportent les premiers détails. En ce moment, on discute les conditions de la capitulation. Il y a eu une émeute à Paris. Les prisonniers d'octobre, Flourens et Millière, ont été délivrés. Les mobiles bretons ont tenu tête aux émeutiers. Dans la lutte, deux des chefs de ceux-ci ont été tués, Sapia et Léclanché, un des anciens commissaires de la République de 1848 dans le département de l'Aisne.

Le conducteur d'une diligence, chargé de porter des paquets au préfet prussien et à M. d'Estremont, directeur des contributions directes à Laon, remet maladroitement à l'administration allemande la dépêche destinée à l'administration française. On y voit que le directeur des contributions prépare le travail du recouvrement de l'impôt pour 1871. Les scellés sont mis chez lui où il est prisonnier sur parole. D'autres personnes sont encore arrêtées, mais bientôt relâchées. Le travail d'impression des rôles est suspendu à l'improviste par ordre des Prussiens.

Lundi 30. — On entend tout à coup le canon. Est-ce qu'on se bat encore à Paris ? Par les journaux de Vervins, on apprend que ce sont les premières démonstrations contre Givet qu'on bombarde.

Guise est occupé par 1500 Allemands qui poussent partout des reconnaissances et réquisitionnent à Fesmy, Etreux, La Capelle.

On affiche à Laon, par des placards en deux langues, la dépêche de l'empereur-roi annonçant à son armée, à la France et à l'Europe que Paris a capitulé, et qu'il a été conclu un armistice pendant lequel on procédera à l'élection d'une Constituante qui se réunira le 14 février à Bordeaux et traitera de la paix. Plusieurs de ces affiches sont arrachées. Il en est de même sur d'autres points du pays. Un certain nombre de citoyens n'admettent pas encore la vérité de la nouvelle.

Mardi 31. — Nouvelles affiches en deux langues, où M. de Landsberg, préfet prussien, affirme de nouveau la reddition de Paris. Le *Courrier de la Champagne* a, en *communiqué*, une dépêche du quartier de Versailles annonçant que déjà l'exécution de l'armistice se poursuit dans le nord et l'ouest de la France, mais que les opérations militaires se continueront dans l'est contre Bourbaki et la forteresse de Belfort ; les forts de Paris sont déjà occupés.

Malgré la conclusion de l'armistice, les Prussiens font des travaux de mine à la citadelle de Laon où il vient d'arriver une nouvelle compagnie du génie qui se met immédiatement aux préparatifs de destruction. Dans ce but, les mineurs forent, à onze mètres de profondeur, et de huit en huit mètres, le long du mur d'enceinte, quarante-deux fourneaux de mine. Le commandant de place annonce que le génie fera sauter les remparts jeudi prochain, et que les habitants seront prévenus de l'heure exacte, afin qu'ils aient à tenir leurs fenêtres ouvertes. Etonnement

général. L'armistice doit suspendre tous les faits de guerre ; or, le démantèlement d'une place est un fait de guerre, singulière façon d'entendre et d'appliquer les règles du droit des gens dont les traités sont consultés pour y chercher si la destruction d'une citadelle n'est pas contraire aux lois de la trève ou armistice. Le maire de Laon proteste.

Dans l'après-midi, on a entendu de violentes détonations. On en conclut que l'ennemi a fait sauter les fortifications de La Fère et de Soissons, minées depuis quelque temps déjà. On se trompe. Rien de semblable n'a eu et n'aura lieu. Ces bruits restent inexpliqués même à l'heure qu'il est.

Les Prussiens déménagent activement la citadelle de Laon.

Réquisitions, dans le département de l'Aisne, de farines pour le ravitaillement de Paris.

FÉVRIER.

Nous arrêtons ici les éphémérides de la guerre dans notre département, non pas que le *Journal de l'Aisne* ait dès lors repris sa publication régulière et normale, les temps d'épreuves n'étant point finis pour lui ; mais l'armistice a clos le mouvement militaire qui engendre les faits de guerre et les force brusquement à se succéder les uns aux autres. Pour mener nos lecteurs jusqu'au jour de la véritable réapparition du journal pour lequel ce travail a été écrit, il nous reste à analyser brièvement les événements qui ont rempli le mois de février.

Il semble que l'armistice eût dû rendre l'administration prussienne moins exigeante : on la voit cependant réclamer du maire de Laon et avec insistance, par deux lettres du 30 janvier et du 1er février, la liste des conscrits de la ville. Si elle n'est pas fournie immédiatement, le maire de Laon aura à payer « une amende « de 500 francs redoublée par chaque « jour de retard. » Le maire refuse en invoquant la suspension d'armes. Le commandant de place notifie, pour être exécuté le soir, un arrêté qui constitue M. Vinchon prisonnier ; mais cette mesure sera suspendue, les maires des chefs-lieux de départements étant désignés pour diriger, comme préfets provisoires, les élections dans tout leur département. Les travaux des mineurs continuent sans relâche à la citadelle de Laon.

Cet établissement militaire qui a tant souffert de l'explosion du 9 septembre, est livré à la dévastation. Les Prussiens en emportent tout ce qui a quelque valeur comme matériel : des affûts, des boulets, des obus. Le reste, plomb des couvertures, bois des charpentes, des portes, des escaliers, matelas prêtés par les habitants pour les mobiles et les blessés, petits meubles garnissant les logements des employés inférieurs, etc., tout est vendu à vil prix à des gens auxquels sans doute on demandera un compte sévère de leur rapacité et de leur complicité dans cette destruction qui est complète. Les soldats jettent par-dessus les murailles, à tort et à travers, du bois, des matériaux dont la chute blesse et tue deux de ceux qui, du bas du rempart, se précipitent sur ces épaves de notre ruine. A La Fère, l'arsenal et les casernes sont livrées à la même destruction ; rien n'y reste qui puisse être utile et qui ait une valeur quelconque.

Le général Farré, chef d'état-major de l'armée du Nord, part pour Paris et Bordeaux, chargé par le général Faidherbe d'une mission relative probablement à l'état militaire du Nord et à la zone neutre de dix kilomètres qui doit séparer les deux armées, afin d'éviter tout conflit. Le général Faidherbe a soulevé des difficultés à propos de l'exécution de la convention du 28 janvier, et a refusé d'évacuer la zone allemande déterminée par cette ligne, alors que l'armée de von Gœben a déjà abandonné tout l'autre côté de la ligne de démarcation. Les chefs allemands ont déclaré qu'ils reprendraient les armes si l'évacuation n'était pas faite dans le délai indiqué.

Dans l'arrondissement de Vervins, Froidestrées, en arrière de La Capelle, est la limite que ne pourront dépasser les troupes ennemies. On n'a pas statué encore sur le nord extrême du département de l'Aisne. Quant à la ville de Vervins qui a échappé à l'occupation pendant la guerre, elle va être, bizarrerie des évènements, envahie pendant la paix. Le 7 février, 2,000 hommes envoyés de Reims, prennent possession de Marle et de Vervins, après que le sous-préfet a été invité à quitter cette dernière ville pendant la durée de l'armistice.

M. Ferrand, préfet de l'Aisne, arrêté le 11 septembre et interné en Allemagne à la forteresse d'Erebrestheim, est rendu à la liberté et rentre en France.

Signe du temps, les sentinelles allemandes sont retirées des portes de nos villes occupées. Celles-ci sont-elles plus libres ?

Les journaux de Laon reparaissent le 4 février ; mais il faut passer à la censure. Le *Courrier de l'Aisne* est émaillé quotidiennement d'une foule de blancs indiquant que les ciseaux du censeur ont émasculé bien des passages gênant le vainqueur, même et jusque dans le compte-rendu officiel des débats de l'Assemblée qui se réunira tout à l'heure à Bordeaux. Le *Journal de l'Aisne* a refusé de se laisser censurer ; on y a consenti, en l'obligeant à verser un cautionnement de 4,000 francs qui répondra de ses tendances et de ses actes. Il disparaîtra de nouveau, le 13 février, devant des exigences auxquelles il ne veut pas se soumettre. Curiosité de l'histoire de la presse : le *Courrier de l'Aisne*, qui a épuisé sa provision de papier, et les fabriques ne marcheront pas de si tôt, paraît tantôt sur un papier épais et surfin, tantôt sur du papier d'affiche omnicolore, tantôt sur du papier gris de bande et presque transparent. — Un arrêté du gouverneur-général expulse des cinq départements de son ressort l'*Indépendance belge* à laquelle, dans les premiers mois de l'occupation, les postes allemandes se chargeaient de procurer des abonnements ; le colportage de ce journal entraînera une amende de 500 francs, ainsi que sa présence dans les librairies, cabinets de lecture, cafés, restaurants, etc. Le *Nouvelliste de Vervins* sera suspendu d'autorité bientôt, tandis qu'on voit revenir de son excursion forcée en Allemagne M. Abel Deroux, rédacteur du *Glaneur de Saint-Quentin*.

La grande préoccupation du moment, ce sont les élections. Seront-elles libres au moins, en présence de l'ennemi qui tout d'abord prohibe toute réunion publique ? A part ces précautions qu'il prend contre les grandes foules, il laisse aux citoyens la plénitude de leur indépendance. Il pousse même si loin la condescendance que, reconnaissant le bien-fondé d'une protestation du maire de Laon, il n'arrête plus comme otages et garants du paiement des contributions de guerre les maires qui président aux préparatifs de l'élection et tout à l'heure au vote.

En revanche, le gouvernement français, celui qui réside à Bordeaux, commet résolument le plus grave attentat que notre histoire parlementaire ait jamais enregistré contre l'indépendance du suffrage universel. De par un firman de M. Gambetta arrivé le 3 février, l'éligibilité est refusée aux anciens ministres, aux sénateurs et conseillers d'état de l'Empire déchu, à tous les députés qui ont été nommés avec l'appui de l'administration, ceux que jadis on appelait candidats officiels, patronés ou recommandés : sera de droit annulée toute élection qui se sera portée sur une de ces diverses classes de proscrits. C'est l'ostracisme prononcé par un seul homme contre une foule de citoyens. C'est une loi de suspects électoraux. Un immense cri de réprobation s'élève de partout. Les Prussiens tiennent ce décret pour contraire aux conventions de l'armistice. Ils saisissent donc dans les cafés et les imprimeries les journaux locaux qui contiennent l'arrêté des despotes bordelais. Un décret du gouvernement de Paris restitue aux électeurs leurs droits inattaquables ; mais l'effet est produit : on sait une fois de plus ce qu'il faut attendre de ces prétendus apôtres du libéralisme, de ces pseudo-républicains qui, dans leurs discours, invoquent si souvent cette liberté qu'ils ne se gênent pas pour outrager souvent et toujours confisquer à leur profit.

Enfin, le 8 février, on a voté précipitamment, inconsciencieusement, sans presque savoir ce que l'on faisait, tout à fait sans connaître les hommes dont les noms, pour la plupart, apparaissaient pour la première fois au grand jour, dont on ignorait le passé politique, les tendances, la valeur intellectuelle, la valeur morale, les qualités, la force, la résistance, la solidité. On ne s'est pas consulté ; on n'a pas discuté ; on n'a pu s'entendre. Deux ou trois grandes notoriétés s'imposent. Quant aux autres, ce sont pour la plupart des inconnus qu'une élection plus ou moins prochaine replongera dans l'obscurité dont ils n'eussent jamais dû sortir et dont eux-mêmes ont dû se sentir stupéfaits d'être un instant sortis. En résumé, ce qui devait arriver s'est accompli : c'est à dire que le comité ultra-radical fondé et opérant à Saint-Quentin dès le commencement d'octobre dernier, a fait passer à une grande majorité presque toute sa liste ; que les hommes d'ordre se sont abandonnés comme on le voit trop souvent, ne se sont pas préparés à la lutte, ne se sont pas entendus sur leurs choix, et que la pensée et les intérêts politiques du pays ne seront pas sérieusement et sincèrement représentés. En un mot, le pays n'était pas plus prêt, n'était pas mieux prêt pour l'élection que pour la guerre.

Entre-temps épisodique, on voit revenir les assiégés de Paris. Ils racontent leurs souffrances, ils montrent le pain obsidional, ce curieux et effroyable mélange de tout ce qui ne nourrit pas, ou de ce qui nourrit mal. Des pères, vont chercher leurs fils, leurs familles à Paris, des amis leurs amis, des propriétaires leurs mobiliers, leur fortune.

Autre épisode, celui-là ni émotionnant, ni attendrissant, mais burlesque. Le citoyen Gambetta, après avoir un instant pensé à la résistance armée, s'est décidé à donner sa démission. Il l'envoie par le télégraphe à tous les préfets de France. Il paraît que l'employé de Bordeaux ignore que Laon est occupé par un préfet prussien, et, le 7 février, M. de Landsberg, qui sans doute ne fut pas médiocrement surpris, reçut un télégramme ainsi inscrit en tête : « Bordeaux à Laon, » et par lequel M. Gambetta, « le remerciait vivement du concours patriotique et dévoué qu'il avait toujours trouvé en lui pour mener à bonne fin l'œuvre patriotique qu'il avait entreprise, » et ce curieux télégramme, qui témoigne hautement de la haute intelligence de l'employé du télégraphe de Lille qui le transmit à Laon, se terminait ainsi : « Agréez l'expression de mes sentiments fraternels. » Evidemment, parmi ses états de services, M. le baron de Landsberg conservera précieusement ce curieux certificat de bonne conduite et d'excellente confraternité.

A Lille, on s'apprête à poursuivre, — il est évident que plus le crime est grand, moins la répression sera sévère, — ces brigands de l'industrie qui ont chaussé nos pauvres soldats de souliers, les uns avec des semelles de carton gris recouvertes d'une simple feuille de cuir, les autres de semelles de carton jaune aussi mal doublées.

Le général Faidherbe est inspiré de l'esprit prophétique. Dans un ordre du jour, du 11 février, à son armée qu'il a passée en revue, il lui dit, paroles presque fatidiques : « Aujourd'hui, dans les circonstances douloureuses où se trouve le pays, il faut redoubler de dévouement *pour être prêt à tout*, soit contre l'étranger, *soit en prévision de difficultés intérieures*. Nous avons à sauvegarder la liberté et la dignité nationales. Le pays, dont la volonté va être exprimée par la majorité de ses mandataires, doit être maître de ses destinées. Le devoir des citoyens armés est de faire respecter cette volonté, et je compte sur l'armée du Nord pour l'accomplissement de ce devoir. »

Maintenant a sonné le terrible quart-d'heure de Rabelais, ce dernier acte de cette tragédie de huit mois et pendant lequel des flots de sang ne couleront plus, mais des flots d'or, pendant lequel les cadavres ne s'entasseront plus les uns sur les autres, mais des sacs d'écus et des monceaux de billets de banque.

Pendant que la guerre sévissait, l'ennemi, pour le paiement de ses réquisitions d'argent, s'est montré longanime, patient. Tous ses arrêtés sont menaçants, secs, rêches, durs, et la langue française s'y montre revêtue d'une âpreté que nous ne lui connaissions pas et qui ne passe cependant pas dans la pratique ; mais quand l'armistice est conclu, quand tout prouve qu'il aboutira nécessairement à la conclusion de la paix, la patience se transforme en impatience, la presque bienveillance en exigences au bout desquelles est toujours une pointe d'épée ou de baïonnette, c'est-à-dire l'exécution militaire qui sévit contre les personnes, en attendant qu'elle sévisse contre la fortune et les biens. Ce n'est pas une contrée *privilégiée* qui subit ce dur régime, c'est toute la contrée. Dès le 3 février, le département entier est sillonné de détachements qui, brusquement partis de leur centre de garnison, envahissent ici et là plusieurs communes voisines, réclament le paiement des contributions arriérées d'octobre, novembre, décembre, et, sur le refus de s'exécuter sur l'heure, sur l'allégation de l'impossibilité de payer, s'emparent de deux ou trois otages par chaque village et regagnent les villes avec leurs prisonniers. Ceux-ci, qui souvent ne sont que de simples particuliers et n'appartiennent pas aux commissions municipales, sont forcés de s'engager personnellement pour leurs communes où l'on ne tiendra aucun compte de leurs risques, de leurs sacrifices, la reconnaissance étant le moindre défaut de « nos » bons villageois. » Promenés de la préfecture ou des sous-préfectures aux commandatures de place et de celles-ci à celles-là, d'Hérode à Pilate, les otages reçoivent enfin leur liberté, heureux encore quand une exigence de sergent ne les expose pas à une exaction nouvelle, témoins les douze otages de Vorges, Eppes, etc., gardés une heure, comme garants et solidaires, à la mairie de Laon, le 5 février, parce que le maire de Chivy ne payait point assez vite quinze francs pour vingt-cinq cigares qu'un détachement de landwehr, en tournée de contribution, avait pris dans la commune en y passant.

De ce même jour, 5 février, fut datée une ordonnance de Reims qui rendit exigibles à la fois les contributions de janvier et celles de février, bien que l'armistice eût été conclu le 29 janvier. Cette fois, toutes les exigences du passé furent poussées à un point probablement inconnu dans l'histoire. Un délai était accordé jusqu'au 12 février. Toute commune en retard payerait, à titre d'amende, un intérêt de cinq pour cent par jour. Au bout du huitième jour, c'est-à-dire lorsque l'amende arriverait à quarante pour cent, l'intérêt cesserait de courir ;

mais la commune serait exécutée militairement, c'est-à-dire occupée jusqu'à parfait paiement par des détachements logés et nourris chez les habitants qui auraient à payer la solde de 6 francs par jour à chaque officier et 2 francs à chaque homme.

Un peu plus tard, une ordonnance du gouverneur-général de Reims, du 11 février, ordonnait aux préfets des départements envahis d'enlever et d'interner en Allemagne des notables comme otages en garantie des communes débitrices et menacées « de mesures ultérieures. » C'est ainsi que des habitants de Béthancourt, de Neuflieux, de Guivry, furent enfermés à Chauny, vers le milieu du mois. Des notables d'Abbécourt furent arrêtés dans leur lit. Un certain nombre de conseillers municipaux de Chauny furent amenés à La Fère, pendant que M. Hébert, ancien député du département de l'Aisne, questeur au Corps législatif pendant près de dix-huit ans, ex-maire de Chauny, était interné en Allemagne d'où il ne reviendra que le 1er mars.

Une protestation contre l'application de ces rigueurs en temps d'armistice est déposée entre les mains du baron de Landsberg, par MM. Vinchon, maire de Laon, Waddington, de Tillancourt, Villain, Achille Duffié, Choron, et n'aboutit à aucun résultat. Il faut payer.

A partir du 13 février, les exécutions commencent. Les soldats sont partout. Les charriots de réquisition qu'ils emmènent sont bourrés d'otages et de captifs. De même qu'à la fin de novembre, on s'agite, on s'ingénie pour trouver de l'argent. Ici se réunissent les commissions municipales, là l'assemblée générale des habitants. Ici, on contracte un emprunt quand on trouve un prêteur, « *rara avis,* » qui ne craint pas d'exposer ses capitaux. Là, on vote un emprunt forcé sur la masse des habitants vis-à-vis desquels la commune tantôt s'engage sur ses ressources futures, tantôt se déclare irresponsable d'un événement de force majeure, tantôt s'oblige à vendre le peu qui lui reste de biens communaux.

Comme chaque jour de retard se solde en une amende effroyable, on se hâte de réunir ses ressources, de courir à la ville.

Un des anciens bureaux de la préfecture, transformé en caisse pour l'arrondissement de Laon, présente un spectacle à la fois attristant et original. Il est plein à comble de maires, d'adjoints, de délégués qui s'entassent et s'empilent autour d'une table où l'on paie, et d'une autre où les comptes sont dressés.

Devant le receveur qui ne suffit pas à son opulente besogne, les billets de banque s'empilent, l'or coule à flots, les sacs d'écus s'amoncèlent, la monnaie se multiplie à l'infini. Les métaux et les papiers précieux sortent de toutes les poches, et le caissier ne sait où les placer.On les lui compte tristement et sans parler.

Autour du comptable qui aligne les comptes et dresse les états, éclatent au contraire les exclamations de saisissement. A ces comptes on ne comprend rien, sinon qu'on doit des amendes fabuleuses, qu'on a cru s'acquitter intégralement et qu'on reste débiteur de sommes inimaginables.A cette commune l'amende est imposée ; celle-là, qui croit subir le même sort parce qu'elle avoisine l'autre immédiatement, en est exonérée. Celle-ci qui paie plus vite que celle-là, se voit réclamer un intérêt plus considérable. Les réclamations sont lettre morte. De la caisse on court au cabinet du préfet qui reçoit poliment les visiteurs, et les renvoie en invoquant son gouvernement.A un moment où les récriminations deviennent trop nombreuses , il s'en débarrasse en ne recevant plus personne. Une commune doit être citée entre toutes, celle de Vorges; en retard de six jours pour le paiement de ses impositions dont elle soldait la totalité se montant à 2,200 francs environ, elle se vit réclamer une splendide amende de plus de 1,700 francs, c'est-à-dire 75 pour cent.

Presque nulle part on ne sut se montrer énergique devant ces exigences que l'armistice ne comportait pas. Tremblants pour eux-mêmes, la plupart des maires repoussèrent toute proposition de ne pas payer, quand parfois un homme d'un peu plus d'énergie osa les exhorter à la résistance.La force d'inertie eût eu raison de ces exigences ; ainsi quelques saisies de bestiaux dans certaines communes du canton de Braine ne furent pas suivies d'effet.Les animaux emmenés furent restitués.

Le maire de Laon, M. Vinchon,montra dans ces difficiles circonstances, une grande solidité. Pressé, menacé par des réclamations nombreuses et qui se terminaient toutes par l'annonce d'exécution militaire, gagnant toujours du temps, il ne payait qu'au dernier moment et réussit à sauver à la ville la grosse somme de 60,000 francs réclamée pour amende. Un peu plus de patience eût aussi permis de conserver ces amendes à des communes qui se hâtèrent trop de verser cet argent si précieux en des temps comme les nôtres. Il arriva même, dans certains villages,qu'on s'irrita contre ceux qui donnaient des avis solides, le courage civil

nous ayant à peu près abandonnés partout.

Un abandon dont les départements occupés ne souffrirent pas moins, c'est celui qu'ils peuvent reprocher à bon droit au gouvernement du 4 septembre, qui, en concluant l'armistice du 29 janvier, ne stipula qu'en vue de Paris auquel il sacrifia la France, et aujourd'hui la France en est bien récompensée ! De toutes nos villes partirent pour Paris des députations chargées d'appeler la sollicitude du gouvernement sur la détresse et les souffrances du pays. Elles revinrent sans espoir et avec le conseil de temporiser,mais aussi de payer quand elles y seraient contraintes par l'emploi de la force.

Nous possédons un document qui précise et les sollicitations d'une de ces députations, celle de Château-Thierry, et l'attitude de M. Jules Favre, dans cette déplorable affaire de nos contributions de guerre. Les délégués se plaignaient qu'on eût, pendant l'armistice, abandonné le *droit de souveraineté* sur les pays occupés, droit dont l'ennemi excipait pour exiger d'énormes contributions levées avec une rigueur extrême, et le ministre répondait « qu'il ignorait com-
« plètement la situation dans laquelle se
« trouvait le pays envahi. Il avait cru
« faire une chose utile et avantageuse à
« ce pays en reconnaissant ainsi le droit
« de l'occupant, puisque par là même il
« limitait les sacrifices que l'ennemi pou-
« vait avoir le droit d'exiger des habitants
« et la quotité de l'impôt payé par cha-
« cun. »

A cela les délégués de Château-Thierry répondaient avec infiniment de raison que cette limitation eût été utile et avantageuse si on avait stipulé que l'ennemi se bornerait à réclamer l'impôt ordinaire, mais qu'il n'en était rien, et ils entrèrent dans les détails des exigences auxquelles nous livrait l'absence de toute stipulation précise dans l'armistice. Le ministre les congédia en leur disant, comme aux députations de Laon, de Saint-Quentin, de Soissons, etc., « que la ville de Château-
« Thierry avait le droit pour elle, mais
« que l'ennemi avait la force. La ville ne
« pouvait qu'être félicitée d'avoir cher-
« ché les moyens de se soustraire au
« paiement de lourdes contributions de
« guerre. Quant à lui, ministre des af-
« faires étrangères, il ne pouvait qu'es-
« sayer une nouvelle tentative pour faire
« revenir les Allemands de leurs préten-
« tions, ou tout au moins pour obtenir
« d'eux une atténuation. Il ne pouvait
« donner assurance formelle de réussir,
« mais il promettait d'y apporter le plus
« grand zèle. »

En résumé, cette cruelle émotion de la contribution de guerre pesa sur le département jusqu'au 12 mars, jour où une nouvelle convention fut conclue à Rouen entre les autorités allemandes et françaises et stipula que le versement des impôts en retard ne pourrait plus être exigé, et que le compte de ceux versés depuis le 2 mars, date de la signature des préliminaires de paix, serait réglé entre les gouvernements de Paris et de Berlin.

Nous omettons bien des détails : l'arrestation par des détachements allemands des récalcitrants dénoncés par des lettres de maires dont nous avons vu une cinquantaine au moins à la préfecture ; la réquisition faite à la mairie de Laon d'un coffre-fort pour loger, chaque nuit, l'opulente recette de la journée, réquisition appuyée d'une menace d'amende de mille francs si le coffre fort n'était pas fourni dans une heure ; l'arrestation de M. de Coquet, rédacteur en chef du *Journal de l'Aisne*, le dimanche 5 mars, parce qu'il refusait de fournir ses presses pour imprimer une dernière circulaire engageant les maires à payer leurs contributions, et la consignation de ses ouvriers requis militairement et forcés au travail, etc., etc.

Cette étude sommaire sur l'ampleur et la lourdeur de la contribution de guerre combinée avec les réquisitions en nature et autres charges résultant de l'occupation de notre département pendant six mois, avec les destructions par les batailles et les siéges, se résume par ce chiffre effrayant :

TRENTE-QUATRE MILLIONS CINQ CENT TREIZE MILLE FRANCS,

Ainsi décomposé :

Arrondissement de Laon,	9,718,096
id.	Soissons,	11,779,912
id.	Chât.-Thier.	5,404,864
id.	St-Quentin,	7,193,031
id.	Vervins,	420,803

Comme en 1814, c'est l'arrondissement de Vervins qui est le privilégié de la guerre. Elle l'épargne à peu près absolument.

Ce chiffre effrayant va probablement se grossir encore dans l'enquête que commencent les commissions cantonales constituées ces jours derniers et dont le travail donnera le dernier mot de nos souffrances matérielles.

Quant à nos souffrances morales, elles n'ont pas pris fin avec les événements militaires, avec le moment où nous avons arrêté nos récits sommaires des événements quotidiens auxquels nous avons assisté trop longtemps. Dès le 15 février, nous avons appris que les élections étaient

mauvaises à Paris qui s'agitait convulsivement et dont on craignait le soulèvement au jour où les vainqueurs y entreraient. A Bordeaux, l'Assemblée réunie s'était bien résignée à voter la paix en principe ; mais les pourparlers languissaient à Versailles. Une première fois, il avait fallu proroger l'armistice jusqu'au 26 février. Nous serait-elle accordée cette paix si nécessaire, si ardemment souhaitée ? Le 26 février, on la proclame officiellement, et cependant la main de fer qui nous étreint à la gorge ne se desserre pas. Elle ne s'ouvrira qu'au 12 mars, après la ratification par l'Assemblée des préliminaires de paix, et jusqu'à cette date, il faut toujours acquitter contributions de guerre et amendes.

Enfin, tout est terminé ! Nous sommes en paix avec l'Allemagne. Notre joie n'est pas pure, car notre département restera occupé jusqu'au versement du deuxième milliard à verser à l'ennemi sur l'indemnité que la France aura à payer pour les fautes colossales du gouvernement qu'elle s'est donné ; mais, ces deux milliards, on les payera sans nul doute avant le délai de deux ans stipulé ! On nous les prêtera, quand on nous verra nous mettre résolument à l'œuvre de reconstruction, de réparation, de sagesse…!

On ne nous les prêtera pas, parce que la Révolution, l'esprit de désordre et d'anarchie se sont emparés de Paris, Paris dont les stipulations du traité de paix ont laissé maladroitement la population armée, Paris où une insigne mollesse présida aux premières opérations militaires contre l'émeute, Paris qui lève l'étendard de la guerre civile et sociale, Paris livré aux plus abominables excès et aux passions des hommes les plus pervers et les plus audacieux, accourus de tous les centres révolutionnaires de l'Europe et qui s'en donnent à cœur joie dans l'œuvre de notre ruine et de notre déconsidération…

Jamais malheur plus complet, jamais faits plus désolants ne purent être récités. Jamais travail ne fut plus triste pour un écrivain. Vingt fois, par esprit national autant que par chagrin, nous avons failli renoncer à l'œuvre de montrer la part qui incomba à nos contrées dans nos revers, quelquefois dans nos défaillances nationales. Cependant, les peuples n'obtenant jamais, en dernière analyse, que le sort qu'ils méritent, les nations pouvant toujours plus ou moins tôt réparer leurs désastres, n'est-il pas bon de les mettre à même de tirer profit de leur malheur, en le leur dévoilant courageusement, en les mettant en face de l'histoire et des faits, en les forçant à déduire des événements

d'abord leurs causes, puis leurs conséquences? Notre antipathie native pour
des sujets pénibles doit-elle nous forcer
au silence ?

Nous croyons fermement qu'il y a bien
des leçons à tirer des faits accomplis. Le
meilleur patriote est celui qui les envisa-
gera froidement et avec résolution, leur
demandera des enseignements, et ils
peuvent être aussi nombreux qu'utiles, et
s'en servira, autant qu'il est en lui, pour
préparer les éventualités de l'avenir, pour
réparer les désastres non pas seulement
matériels et qui ne furent pas l'œuvre du
hasard seul, qui furent souvent méri-
tés et prépareraient notre décadence,
si nous ne savions pas nous corriger des
défauts et des fautes qui les ont amenés. Ces terribles leçons nous serviront-
elles.. ?

En terminant, nous ne pouvons trop
vivement témoigner notre reconnaissance
aux personnes qui ont bien voulu nous
dire qu'elles suivaient notre travail avec
sympathie, à celles qui nous ont aidé de
leurs renseignements, à celles aussi qui
veulent bien nous en promettre encore
pour le livre que nous préparons. Nous
savons tout ce que peut contenir d'imperfections, de lacunes, d'oublis, même
d'erreurs, le premier travail qui se fait
sur des évènements surtout s'accom-
plissant au sein de contrées couvertes
par l'invasion, séparées les unes des autres comme par des abîmes et où les relations ne sont pas faciles, pas même
possibles à l'heure qu'il est. On nous
tiendra compte de ces imperfections.
Chaque jour, les lettres que nous recevons, les renseignements qui nous parviennent et que nous sollicitons encore
avec insistance, complètent des faits, nous
en révèlent d'autres, redressent des aperçus fautifs, permettent de réparer des
injustices.

Nous sommes certains, au moins, qu'on
nous tiendra compte de nos intentions,
de leur honnêteté et de notre amour
pour un pays qui vient de souffrir une
passion si longue, si douloureuse et à laquelle nous avons assisté le cœur brisé !

.... *Quæque ipse miserrima vidi.*

ED. FLEURY,
Auteur de *l'Invasion dans
le département de l'Aisne en 1814.*

Vorges, près Laon, 6 mai 1871.

Réclamations et rectifications.

Un arrêté du ministre de l'intérieur
a, ces jours derniers, rapporté la révocation prononcée par M. Achard, préfet de
l'Aisne pendant la guerre, contre M.
Laisné, maire de Sissonne. Il nous fournit
l'occasion, et nous la saisissons avec empressement, de rappeler que les excès de
pouvoir et les brutalités d'un préfet de
hasard n'ont pas atteint seulement M.
Laisné que la lettre dont le ministre de
l'intérieur faisait accompagner son arrêté,
eût pleinement réhabilité devant l'opinion publique, si cet honorable magistrat
en eût eu besoin, ce qui n'est pas. D'autres
citoyens encore ont été frappés tout aussi
violemment et sans plus de justice, et eux
aussi attendent et espèrent que l'heure de
la réhabilitation sonnera enfin pour eux.

La publication des Ephémérides que
nous avons donnée au *Journal de l'Aisne* eût
été démesurément étendue, si nous avions
dû y comprendre tous les faits que nous
connaissons et les noms que nous eus-
sions pu citer. Parmi les révocations et à
leur date, nous avons donc cru ne devoir
donner que les exemples les plus saillants.

Aujourd'hui, des maires, victimes des
abus de pouvoir d'un préfet qui, le lendemain des élections, a osé écrire du département de l'Aisne qu'il était *pourri*; des
maires, dis-je, sollicitent le grand jour de
la publicité dans nos Ephémérides qui
avaient déjà dépassé les dates où furent
pris les arrêtés dont ils se plaignent. Le
Journal de l'Aisne est heureux de se mettre à leur discrétion.

Il est certain que M. Geoffroy, maire de
Pargny-lès-Bois, révoqué soi-disant
« pour avoir entretenu des correspondan-
« ces à l'ennemi et pour avoir envoyé
« une voiture et un homme au comman-
« dant d'étape à Château-Thierry, » n'a
fait qu'obéir à la force lorsqu'il eut, comme
tant d'autres présidents de commissions
municipales, reçu une réquisition, ou
si l'on aime mieux une sommation. Menacé d'une amende de 600 francs parce
que la commune ne s'était pas exécutée
assez vite, et réclamant du préfet prussien moins de rigueur, le maire de Pargny-lès-Bois non-seulement n'était pas
coupable de ce que la loi militaire traite
et punit comme correspondance avec l'ennemi, mais il accomplissait son devoir de
maire, de défenseur et tuteur des intérêts
de ses administrés.

Le maire de Vermand, forcé par les
Prussiens, sous menaces d'exécution militaire, de centraliser les fonds dûs pour
l'abonnement à l'inutile et coûteux *Moniteur* prussien de Reims, ne devait pas
être révoqué par un pouvoir violent, et
absurde comme tout ce qui est violent,
qui frappait à tort et à travers, jusque
sur seize employés de la préfecture
qu'une réquisition, sous menaces de la

loi militaire, forçait d'obéir à l'ennemi dont la gendarmerie arrêta deux de ces modestes fonctionnaires, tandis que des perquisitions à domicile, qui eussent aussi été suivies d'arrestations, mettaient d'autres employés en fuite.

Obligé à d'infinies précautions, ne voulant pas tout dire encore, parce que le temps des appréciations libres n'est pas venu, nous nous serions tu sur bien des faits, si l'on ne nous avait pas fait l'honneur de croire que nous pourrions être utile à la manifestation de la vérité.

Très décidément hostile à l'institution des francs-tireurs ; très fermement assis sur cette conviction : que cette institution est regrettable, que les hommes qui ont du cœur et l'amour du pays, devaient tout simplement et dignement se faire ouvrir les rangs de notre armée régulière, y servir la patrie sous les lois de la discipline et de l'obéissance passive, et non agir en condottières dans la plénitude de leur indépendance, l'indépendance d'un homme armé qui est toujours dangereuse et pour lui et pour les autres ; nous avons voulu cependant, dans nos Éphémérides, ne laisser entrevoir que notre pensée et taire certaines expéditions regrettables dont les commerçants de nos contrées ont été les victimes, notamment un épicier en gros de Laon, un marchand de grains à Bruyères, et nous ne savons pas tous les faits.

Mais il est une de ces expéditions qu'on nous a tardivement signalée et dont les résultats ont été assez fâcheux et iniques pour que, ne pouvant plus les dire à leur date, nous les racontions en dehors de notre travail sur les événements quotidiens de la guerre.

Le 14 décembre, un détachement de francs-tireurs de Braux (Ardennes), attaché à la brigade commandée par M. le colonel de la Sauzaie et opérant entre Travecy et Vendeuil, arrête dans Vendeuil un convoi de cent sacs de farine appartenant à M. Pagnon, farinier dans cette commune, sous prétexte que ces marchandises sont envoyées aux Prussiens à Chauny. M. Pagnon offre de prouver par ses livres que ces farines ont été commandées et sont attendues par M. Caudrilier, boulanger à Chauny, et non par les Prussiens. Le commandant des francs-tireurs refuse toute explication, insulte même M. Pagnon, lui dit qu'il a pu frauder ses livres, qu'il a « une « figure de faux témoin » et finalement emmène le chargement, farines, chevaux et voiture, à Origny. Il est suivi par M. Pagnon qui, d'abord laissé libre, est arrêté à Hamégicourt ; traîné prisonnier et, à Séry-Mézières, insulté et menacé par la foule à qui les francs-tireurs racontent que c'est un accapareur pour des Prussiens. Cependant, des amis de cet industriel courent à Origny où se trouve le colonel de la Sauzaie, lui disent l'honorabilité de M. Pagnon, se portent forts pour lui, obtiennent sa mise en liberté sur parole, annonçant qu'il se rendra sur l'heure à Origny pour fournir sa justification. Malgré l'ordre du colonel, le capitaine des francs-tireurs refuse de rendre son prisonnier qu'on enferme au corps-de-garde de Lucy-le-Bocage sous la garde d'un poste dont le caporal, sommé par un lieutenant du 3° de ligne d'avoir à rendre M. Pagnon à la liberté, s'obstine et ne cède que sous la menace d'être lui-même enfermé à la salle de police. M. Pagnon peut alors se rendre à Origny ; mais il a été devancé par le capitaine des francs-tireurs qui a fait son rapport. Il obtient cependant l'autorisation d'aller chercher à Chauny les pièces qui prouveront son innocence. Il les apporte, se justifie pleinement, reçoit l'autorisation d'emporter ses marchandises, sous condition toutefois de les expédier sur le Nord et de donner une caution de onze mille francs. Enfin, cette série de souffrances, de mauvais traitements et d'humiliations se clot pour M. Pagnon par une décision du général Faidherbe lui-même qui, le 28 décembre, fait rendre à l'honorable industriel son obligation de onze mille francs, et le colonel de la Sauzaie écrit à M. Pagnon :

« Le général en chef m'ayant laissé la « décision de cette affaire, je ne puis que « m'en rapporter à tout ce qui m'a été « affirmé *de votre loyauté et de votre pa-* « *triotisme.* J'annule en conséquence la « prise. »

Ces faits parlent trop haut d'eux-mêmes pour avoir besoin de commentaires.

Une autre iniquité ne s'est réparée que bien plus tard. M. Dodé, maire de Vouël, ce modeste cultivateur que des correspondances se sont plu à présenter, dans ces journaux du Nord si souvent mal informés, comme un élégant arrivant en gants jaunes à Saint-Quentin où il fut livré aux insolences de la populace ; M. Dodé, que les francs-tireurs du Gard arrêtèrent pour se venger de leur propre étourderie et de s'être laissé battre par soixante Prussiens qui n'étaient pas, comme on l'a dit, cachés dans les maisons du village, mais postés à l'issue opposée à celle par où arrivaient les Français ; M. Dodé, qui n'avait pas caché l'ennemi dans sa grange, puisque cette grange avait été brûlée l'année précédente, resta enfermé dans les prisons de St-Quentin jusqu'à l'arrivée des Prussiens, et, rendu à la liberté, se mit à la disposition de l'autorité judiciaire. C'est il y a seulement un mois ou deux que solution convenable a été donnée à son affaire.

Les temps troublés comportent, il faut le reconnaître, des injustices. L'honnête homme, l'écrivain et le journal consciencieux sont heureux de contribuer à adoucir ces souffrances autant qu'il est en eux et par la manifestation de la vérité.

Une lettre que nous recevons de Dizy-le-Gros nous signale une erreur assez sérieuse que nous aurions commise dans dans notre éphéméride du dimanche 8 janvier 1871, et nous demande une rectification que nous nous empressons d'accorder. On lisait dans cette éphéméride : « Le conseil de guerre de Lille, « présidé par M. Laliré, etc., acquitte « *l'instituteur de Dizy-le-Gros*, accusé « d'avoir empêché de partir les jeunes « gens de la commune. » Il faut lire : « *L'instituteur de la Ville-aux-Bois près* « *de Dizy-le-Gros.*» (Voir le *Nouvelliste de Vervins* du 4 février, qui, en rapportant l'acquittement de cet instituteur, ajoute qu'il « fut plus imprudent et imprévoyant que coupable.») La lettre de Dizy nous affirme la parfaite loyauté et le civisme de l'instituteur de cette commune dont tous les mobiles et les mobilisés ont répondu à l'appel que leur faisait la patrie.

M. Alfred Desmazures, ex-président de la commission municipale de Mondrepuis et auteur de plusieurs ouvrages estimés sur l'histoire de nos contrées, semble croire que nous accusons d'indiscipline tous les mobiles, mobilisés, éclaireurs du Nord, etc., composant les rassemblements de forces qui occupèrent un moment le Vervinois, parce que, dans notre éphéméride du 10 décembre, nous avons emprunté au *Journal de Vervins* la bizarre annonce par laquelle on priait de rapporter au bureau de ce journal « plusieurs porte-monnaie perdus par les « zouaves éclaireurs du Nord.» M. Desmazures se porte fort de « la plus exacte « probité » dont ont fait preuve les jeunes soldats que sa commune a eus en cantonnements ou en passage. Nous n'avons jamais mis en doute, même une minute, cette probité. Nous croyons seulement que l'ordre et la discipline reçurent plus d'une atteinte parmi nos troupes ; que parmi les causes de nos revers l'homme courageux et qui aime son pays, ne doit pas dissimuler ceux de nos défauts auxquels il faut résolument porter remède, si nous voulons redevenir une nation forte, respectée et influente ; que le fait

anormal de la perte simultanée d'un certain nombre de porte-monnaie à Vervins, ne témoignera pour personne d'une grande régularité d'habitudes, et enfin que nous avons seulement mis en lumière des faits acquis à la publicité et non ceux qui se sont accomplis à Mondrepuis dont il n'a pas été une seule fois question dans notre travail. Nous aurions donc pu ne pas accueillir la communication en question ; nous ne l'avons fait que par déférence pour un écrivain dont nous estimons les études et les recherches.

M. Abel Deroux, rédacteur en chef du *Glaneur de Saint-Quentin*, nous demande, dans des termes auxquels nous sommes heureux de reconnaître le caractre de la plus bienveillante cordialité, de rectifier notre éphéméride du dimanche 25 décembre où, sur la foi d'un journal du Nord et en parlant de l'arrestation de de M. Deroux, nous écrivions : « On dit que « les Prussiens reprochent à M. Abel « Deroux, rédacteur du *Glaneur*, à « M. Hourdequin, propriétaire de ce jour-« nal, des articles violents contre le roi.» M. Abel Deroux a été enlevé, nous écrit-il, pour avoir, dans son journal, fait des efforts continuels en faveur de la défense nationale et s'être beaucoup occupé de la levée des mobilisés. La cause de son internement à Magdebourg est trop honorable pour que nous veuillions la taire.

De la lettre de notre ancien confrère nous voulons encore extraire un passage utile à la réhabilitation de la ville de Laon, si violemment attaquée par le *Glaneur* dont nous avons reproduit les articles à leur date dans nos Ephémérides. M. Abel Deroux était en ce moment absent de St-Quentin et en mission dans les départements du Midi. « Il est probable, » nous écrit-il, « que si j'avais eu la « direction « du *Glaneur* au moment de la catastrophe « de Laon, les articles auraient été plus « modérés ; je me serais entouré de ren-« seignements puisés à bonne source. »

Nous regrettons et la ville de Laon regrettera vivement que l'écrivain mis alors à la tête du *Glaneur*, n'ait pas eu ces précautions et montré cette sagesse. C'est au *Glaneur* que sont principalement dus le bruit et les soulèvements d'opinion qui ont pesé sur l'honneur de toute une ville, soit autour de nous, soit dans la France entière. Nous avons été assez heureux pour ramener au loin l'opinion publique à plus de justice ; nous le serons plus encore quand, en temps et heure, nous mettrons les faits sous leur vrai jour et la vérité en plein relief.

Ed. Fleury.

Vorges, le 10 mai 1871.